HISTOIRE INTÉRIEURE

DE ROME

JUSQU'A LA BATAILLE D'ACTIUM

TIRÉE DES ROEMISCHE ALTERHÜMER

DE

L. LANGE

PAR

A. BERTHELOT ET DIDIER

PARIS

ERNEST LEROUX, ÉDITEUR

28, Rue Bonaparte, 28

1886

FASCICULE N°

Souscription à l'ouvrage complet, forts volumes : 20 fr

par l'intermédiaire de Julie des négociations s'étaient engagées entre ces deux personnages[1]. Octave lui envoya Mucia
(mère de Sex. Pompée) et son confident C. Cilnius Mœcenas[2] ;
ils furent chargés de négocier le mariage de L. Scribonius
Libo[3], beau-père de Pompée[4], avec la sœur d'Octave qui
avait déjà été mariée deux fois[5] ; on offrit à Sex. Pompée
lui-même Scribonia, par l'intermédiaire de son frère, qui
était allé avec Julie auprès d'Antoine[6]. Sex. Pompée ne
voulut rien entendre[7]. Alors après les jeux apollinaires, par
conséquent vers le mois d'août, Octave chargea Agrippa,
alors préteur urbain, d'aller combattre Pompée ; les troupes
qui avaient débarqué en Italie durent retourner en Sicile, et
Pompée ne garda que quelques points fortifiés de la côte[8].
Octave déclara ensuite à L. Antoine qu'il conservait pour
lui toute la Gaule, puisque M. Antoine s'était uni avec
Sex. Pompée ; il lui donna en même temps l'autorisation
d'aller rejoindre son frère. L. Antoine persistait dans son
rôle de défenseur de la République ; il déclarait qu'il traiterait son frère comme un ennemi, s'il engageait la lutte avec
Octave pour établir la monarchie à son profit ; Octave lui
donna une grande preuve de confiance : il lui confia le gouvernement des deux provinces d'Espagne en qualité de proconsul ; son ambition fut satisfaite, mais Octave le fit surveiller
avec soin par ses anciens lieutenants. Par cette mesure habile,
Octave avait rendu L. Antoine inoffensif[9].

[1]) Dio C., 48, 15. 27. App., *b. c.*, 5, 52. 63. 134. Plut., *Ant.*, 32.
[2]) Cf. Nic. Dam., *Vit. Aug.*, 31. Prop., 2, 1, 25.
[3]) Cf. Cæs., *b. c.*, 3, 15. 23.
[4]) Cf. Cic., *Att.*, 16, 4, 1.
[5]) Dio C., 48, 16. App., *b. c.*, 5, 53. Suet., *Aug.*, 62.
[6]) App , *b. c.*, 5, 52.
[7]) Dio C., 48, 20.
[8]) Dio C., 48, 20. Cf. App., *b. c.*, 5, 57. Dio C., 48, 28.
[9]) App., *b. c.*, 5, 54. Plut., *Ant.*, 30 dit à tort que L. Antoine s'était enfui
avec Fulvie.

CHAPITRE VINGT-NEUVIÈME

Après le traité de Philippes, M. Antoine avait nommé
L. Marcius Censorinus gouverneur de Macédoine et Achaïe [1],
puis avait passé en Asie. Il s'était d'abord rendu dans la province de Bithynie [2] ; le gouverneur nommé par Brutus et
Cassius, P. ou M. Appuleius la lui avait livrée [3]. Arrivé à
Ephèse [4], il se mit en devoir de remplir sa principale mission,
celle qui consistait à procurer de l'argent aux triumvirs [5].
Nous avons déjà dit qu'il fallait pourvoir 170,000 soldats
licenciés ; à Philippes, on avait promis de donner à chaque
homme 5,000 deniers (20,000 sesterces) [6] ; les centurions et
les tribuns des soldats devaient recevoir une gratification
proportionnelle ; il fallait encore de l'argent pour leur acheter
des terres. Nous avons dit aussi que la province d'Asie avait
dû payer en une seule fois à Cassius les impôts de dix années ;
Antoine lui demanda une nouvelle contribution semblable,
payable dans l'espace d'une année ; il modéra cependant ses
exigences, et finit par n'imposer que les contributions de neuf
années, payables en deux ans [7]. Pour faire comprendre l'importance du sacrifice imposé à cette malheureuse province d'Asie,
il suffit de dire qu'elle paya une somme d'environ 200,000
talents (1,177 millions de francs [8]) ; et encore cette somme

---

[1] Plut., *Ant.*, 24. I. L. A., p. 478.
[2] Jos., *Ant. Jud.*, 14, 12, 2. *B. Jud.*, 1, 12, 4.
[3] App., *b. c.*, 4, 46. Cf. 4, 40.
[4] App., *b. c.*, 5, 4. Plut., *Ant.*, 24. Jos., *Ant. Jud.*, 14, 12, 2.
[5] Dio C., 48, 24.
[6] Plut., *Ant.*, 23. App., *b. c.*, 4, 120.
[7] App., *b. c.*, 5, 5.
[8] Plut., *Ant.*, 24.

énorme ne suffit pas pour permettre aux triumvirs de remplir leurs engagements à l'égard des soldats[1]. En même temps, Antoine parcourut l'Asie et la Cilicie, et régla la situation des rois indépendants auxquels il imposa aussi de lourds tributs, et des états soi-disant libres[2]. Les partisans de Brutus et de Cassius ne lui suscitèrent aucune difficulté; à l'exception des meurtriers de César, ils avaient tous été graciés, y compris le frère de C. Cassius, L. Cassius Longinus[3].

En Cilicie, il avait chargé Q. Dellius de lui amener la reine Cléopâtre ; il voulait lui demander pourquoi elle avait si mal soutenu Dolabella et les triumvirs[4]. Non seulement elle réussit à se disculper, mais elle séduisit complètement Antoine par ses charmes et son esprit[5]. Pour lui faire plaisir, Antoine donna l'ordre de mettre à mort sa sœur Arsinoé et un certain personnage qui se donnait pour le frère de la reine, mort noyé dans les eaux du Nil[6].

De Cilicie, Antoine avait envoyé un corps de cavalerie à Palmyre pour punir les habitants qui entretenaient des relations avec les Parthes[7] ; les Parthes, excités déjà par les projets de César, poussés à la révolte par les Syriens de quelques villes syriennes qu'Antoine avait expulsés[8], exploitèrent encore cet incident pour recommencer la guerre contre les armées romaines[9]. Antoine plaça à la tête de la province de Syrie L. Decidius Saxa, qui s'était fait remarquer à Philippes[10] ; il nomma gouverneur d'Asie T. Munatius Plancus[11] (non Lucius qui était alors en Italie), puis il suivit Cléopâtre à Alexandrie[12].

[1]) App., b. c., 5, 5. Plut., *Ant.*, 24.
[2]) App., b. c., 5, 6. Plut., *Ant.*, 24. Dio C., 48, 24. 26. Jos., *Ant. Jud.*, 14, 12, 3 et seq.
[3]) App., b. c., 5, 4. 7.
[4]) Plut., *Ant.*, 25.
[5]) Plut., *Ant.*, 26. App., b. c., 5, 1. 8. Dio C., 48, 24. Jos., *Ant. Jud.*, 14, 13, 1. B. *Jud.*, 1, 12, 5.
[6]) App., b. c., 5, 9. Dio C., 48, 24.
[7]) App., b. c., 5, 9.
[8]) App., b. c., 5, 7.
[9]) App., b. c., 5, 10.
[10]) App., b. c., 4, 87. Dio C., 47, 35.
[11]) Dio C., 48, 24.
[12]) App., b. c., 5, 10. Dio C., 48, 24.

Il y passa l'hiver de 41-40 dans une vie de débauches[1] ; il reçut alors une double nouvelle ; on lui fit connaître les troubles qui avaient éclaté en Italie[2] et l'invasion des Parthes ; ces derniers conduits par Pacorus et par le fils du célèbre T. Atius Labienus qui avait succombé à Munda, avaient envahi la Syrie ; L. Decidius Saxa avait été battu et tué[3]. Antoine retint longtemps[4] les envoyés venus d'Italie et finit par leur remettre une lettre rassurante pour Octave, dans laquelle il annonçait son départ prochain pour l'Occident[5]. Il ne se décida à sortir de son inaction que quand il connut la prise de Pérouse, la fuite de Fulvie[6], l'entrée de Pacorus en Palestine[7], la marche victorieuse de Labiénus à travers la Cilicie et l'Asie, et la retraite de T. Munatius Plancus qui avait dû abandonner le haut pays[8]. Il ne savait pas encore s'il devait marcher contre les Parthes ou intervenir en Italie ; sur la demande de Fulvie, il se décida pour ce dernier parti[9].

Il arriva en Grèce au plus tôt vers le milieu de l'été ; il chargea L. Scribonius Libo de porter à Sex. Pompée des propositions amicales ; dans le cas où il entrerait en lutte avec Octave, il lui demanderait son appui ; si Octave consentait à respecter le traité conclu à Philippes, il s'entremettrait pour réconcilier Sex. Pompée avec Octave[10]. Antoine n'approuvait pas la révolte de son frère et de Fulvie contre Octave[11] ; cependant, excité par Fulvie[12], il considérait les derniers actes d'Octave, surtout l'occupation de la Gaule et la confiscation

[1]) Plut., *Ant.*, 28. App., *b. c.*, 5, 11. Dio C., 48, 27.
[2]) App., *b. c.*, 5, 21. 52. 60. Dio C., 48, 27.
[3]) Dio C., 48, 24. Plut., *Ant.*, 28. Liv., *ep.*, 127. Vell., 2, 78. Flor., 4, 9, 3 et seq.
[4]) App., *b. c.*, 5, 52.
[5]) App., *b. c.*, 5, 60.
[6]) Plut., *Ant.*, 30.
[7]) Jos., *Ant. Jud.*, 14, 13, 3 et seq.
[8]) Plut., *Ant.*, 30. Dio C., 48, 26. App., *b. c.*, 5, 65. 133 *Syr.*, 51. Flor., 4, 9, 4.
[9]) Plut., *Ant.*, 30. Dio C., 48, 27.
[10]) App., *b. c.*, 5, 52. 59. 61. 62. Dio C., 48, 27. 29. Plut., *Ant.*, 32.
[11]) App., *b. c.*, 5, 52. Plut., *Ant.*, 30.
[12]) Liv., *ep.*, 127.

des légions de Q. Fufius Calénus, comme des atteintes graves
portées au traité qu'ils avaient signé ensemble à Philippes[1].
Laissant Fulvie malade à Sicyone, il continua sa route ; il
alla avec L. Munatius Plancus à la rencontre de Cn. Domitius
Ahenobarbus ; ce dernier gagné par C. Asinius Pollio (plus
haut, page 639) lui livra sa flotte[2]. En agissant ainsi, Antoine
violait à son tour la convention de l'accord conclu avec
Octave ; en effet, comme Sex. Pompée, Cn. Domitius Ahenobarbus avait été condamné camme meurtrier de César, en
vertu de la loi Pedia, et, en vertu du traité de Philippes,
Antoine ne pouvait signer de convention avec les meurtriers
de César[3]. Antoine et Ahenobarbus arrivèrent à Brindes ; le
commandant refusa de leur ouvrir les portes, parce que
Ahenobarbus était en guerre ouverte avec Octave[4]. Antoine
considéra ce refus comme un acte d'hostilité dirigé contre sa
personne ; il assiégea Brindes, occupa Sipontum, et donna à
Sex. Pompée, qui avait déjà débarqué des troupes en Italie,
l'ordre d'agir. Pompée envoya aussi sa flotte commandée par
Ménodore ou Ménas, un affranchi, sur les côtes d'Etrurie et
de Sardaigne ; il assiégea en personne Thurii et Consentia
dans l'Italie méridionale[5]. Vers le mois d'août, Octave envoya
M. Agrippa contre Sipontum, et P. Servilius Rullus à
Brindes ; Rullus fut battu par Antoine, avant qu'il eût pu
gagner Brindes, mais Agrippa reprit Sipontum[6].

A ce moment solennel où commençait la lutte entre
Octave et Antoine, arriva la nouvelle de la mort de Fulvie[7] ;
L. Cocceius Nerva, qui avait été envoyé auprès d'Antoine
pendant la guerre de Pérouse, et se trouvait encore auprès
de ce dernier, parla le premier d'une réconciliation ; il commu-
niqua d'abord ses idées à Antoine, qui le chargea d'aller
trouver Octave ; Nerva s'appuyait sur cette considération

---

[1]) App., *b. c.*, 5, 59. 60.
[2]) App., *b. c.*, 5, 55. 59. Suet., *Ner.*, 3.
[3]) App., *b. c.*, 5. 62.
[4]) App., *b. c.*, 5, 56. 61.
[5]) App., *b. c.*, 5, 56. 62. Dio C., 48, 27. 30.
[6]) Dio C., 48, 28. App., *b. c.*, 5, 57.
[7]) App., *b. c.*, 5, 59. 62. Dio C., 48, 28. Plut., *Ant.*, 30.

générale que les griefs réciproques n'étaient pas fondés [1].
Octave se montra disposé à négocier; il écrivit à la mère
d'Antoine pour se justifier au sujet des légions de Q. Fufius
Calénus et de la conduite suivie par le commandant de
Brindes qui avait fermé la porte à Antoine; Antoine, de son
côté, déclara qu'il était prêt à congédier Sex. Pompée, et à se
séparer de Cn. Domitius Ahenobarbus [2], dont la condamnation
prononcée en vertu de la loi Pedia, était d'ailleurs injuste [3].
Après ces préliminaires, le consul C. Asinius Pollio, représentant d'Antoine, C. Cilnius Mœcenas, représentant d'Octave,
se réunirent sous la présidence de L. Cocceius Nerva, pour
rédiger un traité de paix entre les deux adversaires [4].

Voici quelles furent les conditions du traité de Brindes [5].
Lépide, conformément aux conventions de Philippes, devait
avoir les deux provinces d'Afrique; mais Octave devait
prendre les légions qui se trouvaient alors dans ces provinces,
T. Sextius devait les lui livrer [6]. Antoine renonçait en faveur
d'Octave aux deux Gaules Narbonnaise et Chevelue, et à la
Dalmatie, partie de la province d'Illyrie; on traçait une ligne
de frontières à travers l'Illyrie du nord au sud, passant par
le Skordus, elle marquerait la limite du territoire relevant
d'Octave et d'Antoine; Antoine devait reprendre les légions
de Q. Fufius Calénus [7]. Octave faisait des concessions au sujet
de Sex. Pompée et de Cn. Domitius Ahenobarbus : ils étaient
tous les deux amnistiés, malgré la loi Pedia et les proscrip-
tions [8]; Sex. Pompée resterait maître de la Sicile, située au
centre des provinces données à Octave; Ahenobarbus aurait
le gouvernement de la Bithynie, sous la haute surveillance
d'Antoine, qui l'avait envoyé dans cette province [9]. Octave

[1] App., *b. c.*, 5, 60-62.
[2] App., *b. c.*, 5, 63.
[3] App., *b. c.*, 5, 62.
[4] App., *b. c.*, 5, 64. Liv., *ep.*, 127. Cf. Hor., *Sat.*, 1, 5, 29 avec les
Schol. ad Hor. sat., 1, 5, 27 et seq. Vell., 2, 76.
[5] App., *b. c.*, 5, 65. Dio C., 48, 28. Plut., *Ant.*, 30.
[6] Cf. App., *b. c.*, 5, 75.
[7] Cf. App., *b. c.*, 5, 66.
[8] Cf. App., *b. c.*, 5, 55. 61. Dio C., 48, 54.
[9] App., *b. c.*, 5, 63.

renonçait à poursuivre certains personnages qui s'étaient
réfugiés auprès d'Antoine, les uns après la guerre de Philippes,
les autres après la guerre de Pérouse. Il fut convenu
qu'Octave pourrait combattre Sex. Pompée s'il n'acceptait pas
la situation qui lui était faite ; dans cette prévision, il pourrait
lever des troupes en Italie, Antoine en ferait autant pour aller
combattre les Parthes [1]. Enfin Antoine et Octave devaient
s'entendre pour désigner les consuls de l'année suivante.

Il est évident que le traité de Brindes était plus avantageux
pour Octave que celui de Philippes ; en outre de l'Espagne et de
la Sardaigne, il avait maintenant à sa disposition les Gaules
et la Dalmatie [2]. On célébra la réconciliation par des festins [3] et
on la confirma par un mariage ; Octave promit à Antoine sa
sœur Octavie [4], veuve de C. Claudius Marcellus, le consul de
50. Les vétérans vinrent rappeler à Antoine qu'ils n'avaient
pas reçu leur gratification personnelle de 5,000 deniers ;
Octave fut chargé de leur donner satisfaction, il les envoya
dans les colonies [5].

A Rome on fut très heureux d'apprendre que la guerre
civile avait pu être évitée ; on se félicita surtout de ce que
Sex. Pompée était compris dans le traité. Le sénat vota
l'ovation pour Octave et Antoine en l'honneur de leur réconciliation [6] ; il dispensa Octavie du deuil des veuves, pour que
le mariage pût avoir lieu immédiatement [7]. En réalité, l'entente était maintenant complète entre Octave et Antoine.
Pour plaire à Octave, Antoine consentit enfin à commencer
ses fonctions de flamine de Jupiter Julien (*flamen Jovis Julii* [8]).
Le même Antoine sacrifia son procurateur Manius [9], qui

[1]) Cf. App., *b. c.*, 5, 93. Dio C., 50, 1.
[2]) Dio C., 48, 28.
[3]) Dio C , 48, 30.
[4]) App., *b. c.*, 5, 64. Plut., *Ant.*, 31.
[5]) Dio C., 48, 30.
[6]) Dio C., 48, 31. I. L. A., p. 461. 478. *Mon. Ancyr.*, 1, 21. Suet., *Aug.*,
22.
[7]) Plut., *Ant.*, 31. Dio C., 48, 31. 50, 26. App., *b. c.*, 5, 66. Liv., *ep.*,
127. Vell., 2, 78.
[8]) Plut., *Ant.*, 33.
[9]) App., *b. c.*, 5, 66.

avait excité Fulvie et L. Antoine contre Octave[1] ; il trahit
encore Q. Salvidienus Rufus, lieutenant d'Octave, celui qui
avait pris le commandement des légions de Q. Fufius Calénus :
il prétendit qu'au moment où il était arrêté devant Brindes,
Rufus lui avait proposé de s'entendre avec lui, à la condition
qu'on lui abandonnât les Gaules. Octave fit venir à Rome
Rufus qui était consul désigné ; on lui fit un procès sommaire
au sénat, puis, en vertu d'un sénatus-consulte spécial
(*ultimum*), Octave le fit exécuter[2].

Octave ne se réconcilia pas avec Sex. Pompée, comme
Antoine l'avait espéré ; Ménodore venait de conquérir l'île de
Sardaigne[3], Sex. Pompée refusa de la rendre[4]. La guerre
avec Pompée étant devenue inévitable, Octave dut se procurer
de l'argent : il perçut la moitié de l'impôt sur les esclaves
établi en 42, et en établit un autre sur les héritages[5]. Pour le
rendre efficace, il fallut modifier la législation concernant les
héritages ; le tribun P. ou C. Falcidius présenta une loi à ce
sujet[6]. La loi *Falcidia* stipulait que l'on ne pourrait plus
disposer de sa fortune entière ; les legs ne devraient pas
excéder les trois quarts de la fortune, le quart reviendrait de
droit à l'héritier naturel[7], de cette façon le trésor serait assuré
de pouvoir exiger l'impôt nouveau. Les impôts d'Octave, le
renchérissement général des denrées, provoquèrent à Rome
un soulèvement populaire, Octave courut de sérieux dangers,
Antoine dispersa les insurgés avec ses soldats[8]. Tous ces
faits disposèrent Octave à négocier avec Sex. Pompée ;
Antoine chargea les parents de L. Scribonius Libo de l'inviter
à venir à Rome[9].

[1]) App., *b. c.*, 5, 14. 19. 22. 29. 33. 43.
[2]) App., *b. c.*, 5, 66. Dio C., 48, 33. Liv., *ep.*, 127. Vell., 2, 76. Suet.,
Aug., 66.
[3]) App., *b. c.*, 5, 56. Dio C , 48, 30. Mais Dio C. commet un anachronisme 48, 2. : Pompée acquit la Sardaigne plus tard.
[4]) App., *b. c.*, 5, 66. 70. Dio C., 48, 30. Flor., 4, 8.
[5]) App., *b. c.*, 5, 67. Dio C., 48, 31.
[6]) Dio C., 48, 33. Hier., *Chron.*, p. 139 Schœne.
[7]) Gaj., 2, 227. Ulp , 24, 32. Paul., *sent. rec.*, 3, 8. *Inst.*, 2, 22. *Dig.*,
35, 2. *Cod.*, 6, 50.
[8]) App., *b. c.*, 5, 68. Dio C., 48, 31.
[9]) App., *b. c.*, 5, 69. Dio C., 48, 31. 36. Vell., 2, 77. Suet., *Aug.*, 16.

A la fin de l'année 40 et au commencement de 39, Octave
et Antoine s'occupèrent de faire célébrer les jeux promis avant
Philippes [1] ; ils prirent aussi plusieurs mesures pour organiser
leur tyrannie commune, en vue du prochain départ d'Antoine
pour l'Orient. Ils s'occupèrent de la guerre à entreprendre
contre les Parthes ; après le traité de Brindes, Antoine s'était
empressé d'envoyer contre eux P. Ventidius [2] ; le sénat
rendit plusieurs décrets concernant les princes d'Orient [3]. Les
deux consuls, C. Asinius Pollio et Cn. Domitius Calvinus,
furent obligés d'abdiquer en décembre 40 ; Antoine donna à
Pollio la partie de l'Illyrie qui lui avait été laissée ; Octave
céda le gouvernement de l'Espagne [4] à Calvinus ; il paraît que
L. Antoine mourut quelque temps auparavant. L'abdication
avait été imposée aux deux consuls pour permettre de récompenser, en leur donnant la dignité consulaire [5], le favori de
César, L. Cornelius Balbus de Gadès, et le partisan d'Antoine, P. Canidius Crassus [6]. D'ailleurs, c'était l'intention
des nouveaux maîtres du pouvoir de rendre accessibles au
plus grand nombre possible les fonctions et les honneurs
consulaires ; au commencement de 39, quand L. Marcius Censorinus, nommé consul avec C. Calvisius Sabinus, eut célébré
son triomphe sur la Macédoine [7], ils décidèrent qu'ils feraient
élire plusieurs couples de consuls désignés par eux pour
chacune des années suivantes ; ils dressèrent les listes de
ceux qui devaient porter le titre de consul de 38 à 31 ; en 31,
Octave et Antoine devaient être consuls [8]. Il fut encore convenu
que l'on changerait en 38 plusieurs des dispositions prises en 43
et qui n'avaient pu être appliquées ; il en résulte que dès ce
moment Octave et Antoine songeaient déjà à renouveler

---

[1] Dio C., 48, 32.
[2] App., b. c., 5, 65. Anachronisme apud Plut., *Ant.*, 33, et Dio C.,
48, 39.
[3] Dio C., 48, 33. Cf. Jos., *Ant. Jud.*, 14, 14, 4. B. *Jud.*, 1, 14, 4.
App., b. c., 5. 75.
[4] Dio C., 48, 41. App., b. c., 5, 75.
[5] App., b. c., 5, 50.
[6] Dio C., 48, 32. I. L. A., p. 465 et seq.
[7] I. L. A., p. 461, 478.
[8] Dio C., 48, 35. 50, 10.

l'accord du triumvirat qui devait prendre fin le 1er janvier 37. Ils désignèrent encore plusieurs magistrats pour les années suivantes [1], ce fut un moyen de récompenser leurs partisans ; un édile étant venu à mourir le 31 décembre 40, ils le remplacèrent immédiatement par un nouvel édile dont les pouvoirs durèrent jusqu'à la fin de la journée [2]. Pour le même but, et aussi pour rendre plus certaine l'approbation de leurs actes par une assemblée docile, ils dressèrent une nouvelle liste du sénat (*lectio senatûs*) ; ils y firent entrer des alliés, des soldats, des affranchis, et même, sans doute par erreur, des esclaves [3]. Le nouveau sénat fut aussitôt invité à voter de nouveaux impôts [4], et à ratifier tous les actes passés [5] et futurs [6] des triumvirs.

L. Scribonius Libo ménagea une entrevue entre Pompée, Octave, et Antoine, en dehors de Rome ; elle eut lieu au promontoire de Misène [7]. Pompée était alors complètement dominé par ses affranchis, Ménodore et Ménécrate ; sur de simples soupçons de ces derniers, il avait fait mettre à mort L. Statius Murcus [8] ; Sex. Pompée se rendit à Misène avec l'espoir de prendre dans le triumvirat la place de Lépide et d'obtenir la grâce complète, avec la restitution de leurs biens, pour tous les proscrits qui s'étaient réfugiés auprès de lui [10]. Il n'obtint pas tout ce qu'il désirait, mais on lui accorda tant d'avantages que le peuple put avec raison l'appeler le quatrième tyran de l'empire romain [11].

Voici les conditions du traité de Misène [12] : Sex. Pompée

[1]) Dio C., 48, 35.
[2]) Dio C., 48, 32.
[3]) Dio C., 48, 34.
[4]) Dio C., 48, 34.
[5]) Dio C., 48, 34.
[6]) App., *b. c.*, 5, 75.
[7]) App., *b. c.*, 5, 69. 71.
[8]) Vell., 2, 73. Flor., 4, 8. Plut., *Ant.*, 32.
[9]) App., *b. c.*, 5, 70. Dio C., 48, 19. Vell., 2, 77.
[10]) App., *b. c.*, 5, 71.
[11]) App., *b. c.*, 5, 77.
[12]) App., *b. c.*, 5, 72 et seq. Cf. 4, 36. 41. 43. 44. 47. 48. 50. 5, 131. 143. Dio C., 48, 36. Plut., *Ant.*, 32. Liv. *ep.*, 127. Vell., 2, 77. Flor., 4, 8, 4. Cf. Eutrop., 7, 4. Oros., 6, 18.

garda la Sicile ; Octave lui abandonna la Sardaigne, Antoine
lui laissa le Péloponnèse. La possession en toute souveraineté
de ces trois provinces lui fut garantie pour cinq ans, c'est-à-
dire jusqu'en 34. En 33, il deviendrait consul, afin de pouvoir
prendre un important gouvernement provincial, où il aurait le
droit de se faire remplacer par des lieutenants. Les conditions
suivantes avaient dû déjà être stipulées dans son traité particulier signé autrefois avec Lépide[1] : il entrerait dans le
collège des augures et recevrait soixante-dix millions de sesterces (plus de quinze millions de francs) pour l'indemniser
de la perte de sa fortune personnelle. Tous ceux qui s'étaient
réfugiés sur sa flotte, à l'exception des meurtriers de César,
condamnés en vertu de la loi Pédia, pourraient rentrer dans
Rome ; quelques-uns même seraient désignés dès leur rentrée
pour remplir les fonctions de tribun du peuple et de préteur,
d'autres entreraient dans les collèges sacerdotaux. Ceux qui
n'avaient pas été proscrits rentreraient en possession de tous
leurs biens immobiliers ; aux proscrits, on ne rendrait que
le quart de leurs propriétés. Les esclaves qui s'étaient réfugiés
dans l'armée et sur la flotte de Sex. Pompée seraient libres ;
les soldats de condition libre seraient pourvus, après leur
temps de service, comme ceux d'Octave et d'Antoine. Sex.
Pompée s'engageait à retirer ses garnisons des postes qu'il
avait occupés sur les côtes d'Italie ; il ne se livrerait plus à la
piraterie, il ne recevrait plus d'esclaves sur ses vaisseaux, il
ne gênerait plus le commerce et faciliterait les arrivages de
blé à destination de l'Italie. Pour garantir l'exécution de ces
engagements réciproques, on déposa l'original du traité dans
le temple des Vestales[2] ; les trois chefs se traitèrent tour à tour[3],
afin de donner une preuve publique de leur réconciliation[4] ;
enfin la fille de Sex. Pompée fut fiancée à M. Claudius
Marcellus, fils d'Octavie, par conséquent neveu d'Octave et
beau-fils d'Antoine.

[1] Cf., Cic., *Phil.*, 13, 5, 12.
[2] App., *b. c.*, 5, 73. Dio C., 48, 37.
[3] App., *b. c.*, 5, 73. Dio C., 48, 38. Plut., *Ant.*, 32. Flor., 4, 8, 4. Aur.
Vict., *Vir. ill.*, 84.
[4] App., *b. c.*, 5, 73. Dio C., 48, 38.

Antoine et Octave s'empressèrent d'exécuter les conditions du traité qui les concernaient; on se rappelle qu'ils avaient dressé la liste des candidats au consulat pour huit années ; ils la modifièrent pour les quatre dernières : en 34, les consuls présentés [1] seraient L. Scribonius Libo et Antoine ; en 33, Sex. Pompée et Octave, en 32, C. Sosius et Cn. Domitius Ahenobarbus, mais Antoine et Octave se réservaient le consulat de 31 comme auparavant [2]. Malgré tout, le traité avait été signé sous l'influence de la crainte inspirée par l'opposition du peuple à Rome ; il était trop humiliant pour Octave et Antoine, il était donc facile de prévoir qu'il ne serait pas exécuté loyalement [3]. Dans les premiers temps, la paix parut rétablie dans tout l'empire ; Sex. Pompée retourna en Sicile, Antoine et Octave revinrent à Rome, où ils furent reçus au milieu des plus grands honneurs [4]. On vit revenir à Rome les personnes qui s'étaient réfugiées auprès de Sex. Pompée [5], des proscrits en grand nombre qui se crurent autorisés à sortir de leur retraite par le traité de Misène [6] ; pour eux, le traité avait proclamé l'amnistie générale de toutes les victimes politiques[7]. Parmi ceux qui rentrèrent, nous pouvons citer L. Arruntius[8], M. Junius Silanus [9], Sentius Saturninus [10], M. Titius[11], M. Tullius Cicero fils [12], Ti. Claudius Nero [13]. Quelques-uns cependant ne voulurent pas encore rentrer ; de ce nombre, fut L. Æmilius Paulus, frère de Lépide [14].

Antoine ne resta pas longtemps à Rome, il alla se fixer à Athènes avec Octavie ; son premier acte fut d'abandonner aux

[1]) App., *b. c.*, 5, 73.
[2]) Cf. Dio C., 50, 10.
[3]) Dio C., 48, 45.
[4]) App., *b. c.*, 5, 74.
[5]) App., *b. c.*, 5, 74. Vell., 2, 77.
[6]) App., *b. c.*, 4, 36, 41. 43. 44. 47.
[7]) Cf. App., *b. c.*, 4, 37.
[8]) Vell., 2, 77. App., *b. c.*, 4, 46.
[9]) Vell., 2, 77.
[10]) Vell., 2, 77. Cf. Val. Max., 7, 3, 9. App., *b. c.*, 5, 52.
[11]) Vell., 2, 77. Cf. Dio C., 48, 30.
[12]) App., *b. c.*, 4, 51.
[13]) Vell., 2, 77. Tac. *Ann.*, 5, 1. Suet., *Tib.*, 4.
[14]) App., *b. c.*, 4, 37.

villes du Péloponnèse les sommes d'argent qu'elles devaient à
l'État avant de livrer la province à Sex. Pompée [1]. Ce dernier
considéra la mesure prise par Antoine comme une violation
du traité ; aussi il se garda bien de mettre fin à la piraterie, et
continua ses armements [2]. Octave se rendit en Gaule [3] et en
confia l'administration à M. Agrippa [4] ; au retour, il répudia
Scribonia [5] avec l'intention d'épouser Livie, femme de
Ti. Claudius Néro qui venait de rentrer à Rome. Les hostilités
furent cependant ajournées pendant l'année 39 ; cette année-
là, il y eut deux consuls suffecti [6] L. Cocceius Nerva et le
jurisconsulte P. Alfénus Varus [7], probablement le même
Alfénus Varus que celui dont nous avons parlé plus haut
(page 634); le 25 octobre, C. Asinius Pollio célébra son
triomphe sur les Parthini d'Illyrie [8].

En 38, les deux consuls éponymes [9] furent Appius
Claudius Pulcher, un des neveux [10] du consul de 54, et C. Norbanus Flaccus [11], qui s'était distingué à Philippes. En 38,
Octave épousa Livie qui était enceinte, il lui fallut pour cela
une autorisation des pontifes [12].

Ce fut Ménodore qui provoqua les hostilités ; au moment où
Sex. Pompée lui donnait l'ordre de le rejoindre, il s'entendit
avec Octave, et lui livra la Sardaigne avec l'armée et la flotte
qu'il commandait [13]. Sex. Pompée fit immédiatement attaquer
les côtes de la Campanie ; Octave qui ne voulait pas supporter
seul le poids de la guerre, demanda à Antoine et à Lépide de

[1] Dio C., 48, 39. 46. App., *b. c.*, 5, 75-77. 80. Cf. Flor., 4, 8, 5.
[2] App., *b. c.*, 5, 77. 80. Dio C., 48, 45. Liv., *ep.*, 128.
[3] App., *b. c.*, 5, 75.
[4] App., *b. c.*, 5, 92. Dio C., 48, 49. Eutrop., 7, 5.
[5] Dio C., 48, 34. Suet., *Aug.*, 62.
[6] I. L. A., p. 467.
[7] Gell., 7, 5. *Dig.*, 1, 2, 2, 44.
[8] I. L. A., p. 464. 478. Cf. Serv., *ad Verg., ecl.*, 4, 1.
[9] I. L. A., p. 467.
[10] Cf. App., *b. c.*, 4, 44. 51.
[11] Dio C., 47, 35. App., *b. c.*, 4, 87. Plut., *Brut.*, 38.
[12] Dio C., 48, 44. 15. 52, Vell.., 2, 79. Suet., *Aug.*, 62. 63. 69. *Tib.*, 4.
Claud., 1. Tac., *Ann.*, 5, 1.
[13] App., *b. c.*, 5, 78. Dio C., 48, 45. Suet., *Aug.*, 74. *Mon. Ancyr.*, 5,
34. Oros., 6, 18.

venir s'entendre avec lui à Brindes[1]. Lépide ne vint pas ; Antoine, qui avait passé l'hiver dans les orgies[2] à Athènes avec Octavie, se rendit à Brindes, mais en repartit aussitôt sous prétexte qu'Octave, retenu par les préparatifs de la campagne, n'était pas venu au rendez-vous au jour fixé ; il écrivit à Octave qu'il n'approuvait pas la déclaration de guerre et espérait voir respectés les engagements du traité de Misène[3].

La situation d'Octave était très critique ; à Rome, la levée des impôts avait provoqué de nouveaux troubles ; les magistrats se montraient incapables[4], les préteurs surtout, dont le nombre avait été considérablement augmenté pour satisfaire les désirs de chacun ; on en avait nommé jusqu'à 67. M. Agrippa avait été retenu en Gaule et obligé de faire campagne[5]. Enfin la guerre contre Sex. Pompée, rendue plus difficile par l'attitude d'Antoine[6], ne fut marquée que par des revers ; les deux chefs, C. Calvisius Sabinus et Ménodore, furent battus, leurs vaisseaux furent brisés ; à la fin de la campagne, Octave ne pouvait plus compter sur sa flotte[7]. Il envoya Mécènes auprès d'Antoine, pour lui demander de le soutenir contre Sex. Pompée ; Antoine, qui avait résolu de se rendre en Syrie[8], promit son appui, mais déclara qu'il ne pourrait venir en Italie que dans les premiers jours du printemps de 37[9]; sa présence en Italie à cette époque était d'ailleurs nécessaire, puisque le triumvirat prenait fin le 1er janvier 37. Octave finit par rappeler de Gaule M. Agrippa ; Agrippa avait vaincu les Gaulois ; il refusa les honneurs du triomphe ; il fut nommé consul pour l'année 37, et dut exercer ses fonctions pendant toute l'année ; son collègue L. Caninius Gallus, fils du tribun

[1]) Dio C., 48, 46. App., *b. c.*, 5, 78.
[2]) Dio C., 48, 39. App., *b. c.*, 5, 76. Plut., *Ant.*, 33. Jos., *Ant. Jud.*, 14, 15, 5. *B. Jud.*, 1, 16, 4.
[3]) App., *b. c.*, 5, 79. 134. Dio C., 48, 46.
[4]) Dio C., 48, 43. Cf. App., *b. c.*, 5, 92.
[5]) Dio C., 48, 49. App., *b. c.*, 5, 92. Tac., *Ann.*, 12, 27. Eutr., 7, 5.
[6]) Dio C., 48, 46.
[7]) App., *b. c.*, 5, 80-92. Dio C., 48, 46-48. Liv., *ep.*, 128. Vell., 2, 79. Suet., *Aug.*, 16. 70. Oros., 6, 18.
[8]) Cf. Dio C., 48, 46.
[9]) App., *b. c.*, 5, 92. Cf. 93. Dio C., 48, 54.

de 56, fut remplacé dans le courant de l'année [1] par un consul suffectus, T. Statilius Taurus [2]. Revenu en Italie, il s'occupa immédiatement avec beaucoup d'activité de construire une nouvelle flotte ; Agrippa couvrit rapidement de vaisseaux les lacs Averne et Lucrin près du cap Misène [3], et, quand la flotte fut suffisamment exercée, Octave reprit courage ; il comprit qu'il pourrait vaincre Sex. Pompée [4] sans le secours d'Antoine, qui différait toujours d'envoyer les troupes promises, et négociait secrètement avec Lépide.

Pendant les années 39 [5] et 38, P. Ventidius avait combattu au nom d'Antoine Labiénus et les Parthes ; il avait obtenu de grands succès et remporté une victoire définitive [6] le 9 juin, jour anniversaire de la défaite de Crassus [7]. Toutes les provinces menacées par les Parthes avaient été replacées sous l'autorité d'Antoine, quand ce dernier arriva en Syrie, vers le mois d'août 38 [8] ; jaloux de Ventidius, Antoine lui enleva son commandement et l'envoya à Rome ; autorisé par le sénat, Ventidius célébra son triomphe le 27 novembre 38 [9]. Antoine alla aussitôt assiéger Antiochus de Commagène [10] dans Samosate [11] ; il s'empressa de lui offrir la paix ; les conditions furent moins avantageuses que celles qu'avait obtenues auparavant P. Ventidius [12] ; Antoine confia le gouvernement

---

[1] Dio C., 49, 49. Jos., *Ant. Jud.*, 14, 16, 4. I. L. A., p. 440. 467. Orell., *inscrip.*, 7181.

[2] Cf. Cic., *Fam.*, 12, 25, 1.

[3] Dio C., 48, 49 et seq. Vell., 2, 79. Suet., *Aug.*, 16. Flor., 4, 8, 6. Cassiodor., p. 626 (Mommsen).

[4] App., *b. c.*, 5, 93.

[5] Dio C., 48, 39-41. Plut. *Ant.*, 33. Jos., *Ant. Jud.*, 14, 14, 6 et seq. B. *Jud.*, 1, 15, 2 et seq. Liv., *ep.*, 127.

[6] Dio C., 49, 19. Plut. *Ant.*, 34. Liv., *ep.*, 128. Vell., 2, 78. Flor., 4, 9, 5 et seq. Front., *Strat.*. 1, 1, 6. 2, 2, 5. 2, 5, 36. Cf. Jos., *Ant. Jud.*, 14, 15, 7. B. *Jud.*, 1, 15, 6.

[7] Dio C., 49, 20. Eutrop., 7, 5. Oros., 6, 18.

[8] Dio C., 49, 21. Plut., *Ant.*, 34.

[9] I. L. A., p. 461. 478. Dio C., 49, 21. 43, 51. Plut., *Ant.*, 34. Val. Max., 6, 9, 9. Eutrop., 7, 5.

[10] Cf. App., *Mithr.*, 114. Cic., *Fam.*, 15, 1, 2. 15, 3, 1. 15, 4, 3.

[11] Dio C., 49, 22. Plut. *Ant.*, 34. Jos., *Ant. Jud.*, 14, 15, 8. B. *Jud.*, 1, 16, 7.

[12] Plut., *Ant.*, 34. Oros., 6, 18.

des provinces de Syrie et de Cilicie à C. Sosius [1] et revint à Athènes [2] en passant par l'Égypte [3] ; au commencement du printemps de 37, il se dirigea vers l'Italie accompagné de sa femme Octavie pour venir s'entendre avec Octave [4].

Antoine arriva devant Brindes avec 300 vaisseaux, pour aider Octave à soumettre Sex. Pompée ; il ne put débarquer à Brindes, et Octave, qui comptait beaucoup sur sa flotte alors en construction, déclara qu'il n'avait pas besoin du secours d'Antoine. Ce dernier invita Octave à se rendre à Tarente ; Octave prétexta de graves occupations pour éviter le rendez-vous ; on comprit aussitôt qu'il était décidé à se séparer d'Antoine. Mais ce dernier tenait absolument à s'entendre avec Octave : il lui fallait des troupes pour faire la guerre contre les Parthes, et il ne voulait pas différer les levées que le traité de Brindes l'avait autorisé à faire en Italie. Octavie s'interposa ; elle alla trouver son frère, et lui déclara que les négociations entre Antoine et Lépide n'avaient porté que sur une seule question, le mariage de la fille d'Antoine avec le fils de Lépide [5]. Octave céda aux sollicitations de sa sœur, qu'une rupture entre les deux chefs du triumvirat aurait forcée à choisir entre son frère et son époux ; mais sa résolution fut surtout dictée par des raisons militaires ; Agrippa, Mécènes et L. Cocceius lui avaient prouvé qu'il n'avait pas encore assez de forces pour combattre à la fois Antoine et Sex. Pompée. Octave accepta donc une entrevue sur un point de la côte entre Tarente et Métaponte [6]. Après la première rencontre, les négociations se firent à Tarente, elles aboutirent au traité qui porte le nom de traité de Tarente [7].

Antoine et Octave se mirent d'accord sur les questions suivantes [8] : le traité de Misène était aboli, Sex. Pompée

---

[1]) Dio C., 49, 22. Plut., *Ant.*, 34.

[2]) Plut., *Ant.*, 34.

[3]) Jos., *Ant. Jud.*, 14, 15, 9.

[4]) Dio C., 48, 54. 49, 22. Plut., *Ant.*, 35.

[5]) Cf. App., *b. c.*, 5, 2.

[6]) App., *b. c.*, 5, 93. Plut., *Ant.*, 35. Dio C., 48, 54. Cf. Hor., *Sat.*, 1, 5, 27 et seq.

[7]) App., *b. c.*, 5, 94.

[8]) App., *b. c.*, 5, 95. 134 et seq. Dio C. 48, 54. 50, 26. Plut., *Ant.*, 35.

perdait tous les avantages qu'il avait obtenus à ce moment : il
ne serait pas consul, et il cesserait de faire partie du collège
des Augures. Antoine promettait à Octave 120 vaisseaux de
guerre pour terminer la guerre contre Sex. Pompée ; Octave
de son côté remettait quatre légions à Antoine pour lui permettre de mener à bien la guerre contre les Parthes. Antoine
et Octave ne voulurent pas supprimer complètement ce qui
restait des institutions républicaines[1], tant que la paix générale
ne serait pas assurée : ils convinrent de prolonger la durée
du triumvirat jusqu'au 1er janvier 31 (*ad pr. Kalendas jan.
sextas*)[2], et non, comme on l'a dit d'après Suétone, jusqu'au
1er janvier 32[3]. Pendant la dernière année Octave et Antoine
seraient consuls, comme il en avait été convenu à Misène et à
Brindes. Octave se chargea de faire légaliser le second triumvirat par une loi conforme à la loi Titia[4]. Mommsen a prétendu
que le second triumvirat ne fut pas légal, nous n'avons aucune
raison sérieuse de nous ranger à son opinion. Le principal
argument de Mommsen est celui-ci : Octave n'avait pas de
pouvoir légal en 32 ; l'argument tombe de lui-même, puisqu'il
est établi que les pouvoirs d'Octave, en qualité de triumvir,
devaient prendre fin le 31 décembre 32 et non le 31 décembre
33[5]. A Tarente, on décida deux mariages qui devaient
resserrer les liens des deux familles et garantir l'accord : la
fille d'Octave, Julie, qui avait deux ans, fut promise au fils
d'Antoine Antyllos ; la fille d'Antoine et d'Octavie, qui était
aussi âgée de deux ans, devrait épouser le fils de Cn. Domitius
Ahenobarbus[6]. Octavie obtint encore que son frère donnerait

---

[1]) Cf. Dio C., 48, 43. 53. App., *b. c.*, 4, 41.

[2]) Cf. App., *Illyr.*, 28.

[3]) Suet., *Aug.*, 27.

[4]) Cf. App., *Illyr.*, 28 ; il a tort de contester l'intervention du peuple, elle
était de pure forme, mais cependant nécessaire, *b. c.*, 5, 95.

[5]) Il existe une monnaie d'or à l'effigie d'Octave qui est unique en son
genre (voir *Arch. Zeitung*, tome V, 1873, p. 76.) : Octave y est désigné en
qualité de *iterum triumvir*, et en même temps Agrippa comme *consul desi-
gnatus;* elle doit être de l'année 38; elle ne peut pas servir d'argument
pour infirmer le fait bien établi que le triumvirat fut seulement sanctionné
par une loi en 37.

[6]) Dio C., 48, 54. 51, 15. Cf. Suet., *Ner.*, 5. Tac., *Ann.*, 4, 44. Plut.,
Ant., 87.

à Antoine, à titre gracieux, 1,000 soldats d'élite, et Antoine, de son côté, fit don à Octave d'un certain nombre de vaisseaux légers [1].

Antoine retourna aussitôt en Grèce ; à Corcyre, il renvoya à Rome Octavie avec ses enfants et ceux qu'il avait eus de Fulvie ; il ne voulait pas, disait-il, les exposer aux dangers d'une expédition contre les Parthes ; le véritable motif est qu'il voulait être absolument libre pour renouer ses relations avec Cléopâtre [2].

[1] App., *b. c.*, 5, 95. Plut., *Ant.*, 35.
[2] Dio C., 48, 54. 49, 23. Plut., *Ant.*, 35, App., *b. c.*, 5, 95.

CHAPITRE TRENTIÈME

La fin de l'année 37 fut employée à faire des préparatifs de guerre ; au même moment, Ménodore se rendit auprès de Sex. Pompée [1]. L'année suivante, 36, eurent lieu les opérations décisives ; les consuls étaient M. Coccejus Nerva et L. Gellius Poplicola ; ce dernier, fils du censeur de 70, connu par un procès de divorce [2], avait autrefois essayé sans résultat d'attenter à la vie de Brutus et de Cassius [3]. Comme on ne pouvait pas compter sur les magistrats de la ville, et comme d'ailleurs il n'y avait pas d'édiles, Octave chargea Mécène de maintenir l'ordre dans Rome, en qualité de préfet de la ville, *præfectus urbis* [4]. La campagne commença vers le milieu de l'été ; Lépide était venu d'Afrique en Sicile pour soutenir Octave [5] ; le vaillant et habile M. Agrippa [6] remporta les victoires navales de Mylæ et de Naulochus, cette dernière le 3 septembre [7] ; il fut secondé par T. Statilius Taurus et M. Valerius Messalla ; après Philippes, Messalla avait d'abord servi la cause d'Antoine ; il avait ensuite rompu avec lui, désapprouvant ses relations avec Cléopâtre, et était venu se mettre à la disposition d'Octave [8]. Complètement vaincu,

---

[1] Dio C., 48, 54. App., *b. c.*, 5, 96.
[2] Val. Max., 5, 9, 1.
[3] Dio C., 47, 24. Liv., *ep.*, 122.
[4] App., *b. c.*, 5, 99. 112. Dio C., 49, 16.
[5] App., *b. c.*, 5, 97. Dio C., 49, 1. Vell., 2, 80. Suet., *Aug.*, 16.
[6] App., *b. c.*, 5, 96. Dio C., 49, 4. 50, 19.
[7] l. L. A., p. 324. 401.
[8] App., *b. c.*, 4, 38.

Sex. Pompée quitta la Sicile avec l'intention d'aller rejoindre Antoine [1].

Cette guerre civile était à peine terminée qu'une autre fut sur le point d'éclater. Lépide n'avait soutenu Octave qu'à contre-cœur [2]; pendant la campagne il l'avait blessé en réclamant de partager le commandement en chef avec lui [3] ; après la victoire, il profita de ce que huit légions de Sex. Pompée s'étaient données à lui à Messine, pendant l'absence d'Octave, pour réclamer la Sicile [4]. Il annonça ensuite qu'il était prêt à échanger les trois provinces d'Afrique et de Sicile pour les deux provinces d'Espagne et la Gaule Narbonnaise que lui avaient enlevées autrefois Octave et Antoine [5]. Mais Octave jouissait, auprès des soldats, d'une plus grande popularité que Lépide, même dans l'armée de Lépide et dans celle de Sex. Pompée ; il sut exploiter cette popularité avec adresse et en même temps faire preuve de courage personnel dans le camp de Lépide. Il réussit à débaucher les soldats de Pompée, puis ceux de Lépide. Tous passèrent de son côté. Lépide se vit réduit à la nécessité de demander sa grâce ; Octave lui laissa la vie, lui permit de conserver sa fortune et les fonctions de grand pontife ; mais Lépide dut renoncer à ses fonctions de triumvir, et accepter la résidence de Circeji qui lui fut imposée par son vainqueur [6]. L'équilibre entre Octave et Antoine, indispensable pour la continuation du triumvirat, était rompu au détriment d'Antoine. D'ailleurs, Octave s'était déjà permis de ne pas remplir une des conditions du traité de Tarente ; il n'avait pas envoyé à Antoine les quatre légions qu'il lui avait promises, ou, du moins, n'en avait envoyé qu'une partie [7]. Après la disparition de Lépide, il chargea T. Statilius Taurus

---

[1] App., *b. c.*, 5, 97-122. Dio C., 49, 1-11. Liv., *ep.*, 129. Vell., 2, 79. Suet., *Aug.*, 16. 96. Flor., 4, 8, 7 et seq., Oros., 6, 18. *Mon. Ancyr.*, 1, 19. 5, 1. 33.

[2] Dio C., 49, 1.

[3] Dio C., 49, 8. Oros., 6, 18.

[4] App., *b. c.*, 5, 122. Dio C., 49, 11. Vell , 2, 80.

[5] App., *b. c.*, 5, 123.

[6] App., *b. c.*, 5, 123-126. 131. 4, 50. Dio C., 49, 11. 15. 17. 50, 20. 54, 15. Liv., *ep.*, 129. Vell., 2, 80. Suet., *Aug.*, 16. 31. 54. Oros., 6, 18.

[7] App., *b. c.*, 5, 134. Cf. Plut., *Ant.*, 35. 55. Dio C., 50, 1.

de pacifier la Sicile [1] et d'aller occuper les deux provinces d'Afrique [2].

Octave triomphait et disposait de quarante-quatre ou quarante-cinq légions [3] ; mais sa joie fut bientôt troublée : une révolte éclata dans sa propre armée ; les soldats voulurent être traités comme ceux que l'on avait libérés après la victoire de Philippes, et déclarèrent qu'ils ne se contenteraient pas de distinctions honorifiques. Octave fut obligé de congédier vingt mille de ses vétérans, qui avaient combattu avec lui à Modène et à Philippes, mais tous ne furent pas pourvus de terres en Italie ; pour maintenir les autres dans la fidélité, il fit des promesses et donna à chacun cinq cents deniers (deux mille sesterces) [4]. Il lui fallut encore purger l'armée de Sex. Pompée des esclaves fugitifs qui la composaient en grande partie ; après avoir dispersé les légions sur différents points, il envoya de Rome l'ordre d'arrêter le même jour tous les esclaves soldats ; trois mille furent ramenés à Rome et rendus à leurs maîtres ; six mille dont on n'avait pas pu retrouver les anciens propriétaires, furent renvoyés dans la ville d'où ils étaient sortis et mis à mort [5].

Quand on avait connu à Rome la défaite de Sex. Pompée, on avait voté de grands honneurs à Octave ; il n'accepta que l'ovation, qu'il célébra le 17 novembre [6], une fête annuelle, en souvenir de ses victoires, et une statue d'or qui fut élevée sur une colonne rostrale dans le Forum [7]. M. Agrippa reçut la couronne navale (*navalis* ou *classica*) ; un décret du sénat l'autorisa à la porter chaque fois qu'un triomphateur prendrait la couronne de laurier [8]. M. Valerius Messalla fut reçu dans le collège des augures [9].

[1] Oros., 6, 18.
[2] Dio C., 49, 14. 50, 1. App., *b. c.*, 5, 129. 134.
[3] App., *b. c.*, 5, 127. Oros., 6, 18.
[4] App., *b. c.*, 5, 128 et seq. Dio C., 49, 13 et seq. 34. 51, 3. Liv., *ep.*, 131. Vell., 2, 81. Suet., *Aug.*, 24. Oros., 6, 18. Strab., 6, 1, 6.
[5] App., *b. c.*, 5, 131. Dio C., 49, 12. Oros., 6, 18. *Mon. Ancyr.*, 5, 1.
[6] I. L. A., p. 461. 478. Cf. Suet., *Aug.*, 22. *Mon. Ancyr.*, 1, 21.
[7] App., *b. c.*, 5, 130. Dio C., 49, 15.
[8] Dio C., 49, 14. Liv., *ep.*, 129. Vell., 2, 81. Sen., *de ben.*, 3, 32. Cf. Suet., *Aug.*, 25.
[9] Dio C., 49, 16.

Rentré à Rome, Octave annonça au sénat et au peuple que les guerres civiles étaient terminées. Il déclara que les impôts en retard ne seraient pas réclamés : le peuple apprécia fort la générosité d'Octave [1] ; ce dernier n'avait pas les mêmes exigences qu'Antoine, considéré désormais comme le principal inspirateur des nouveaux impôts dont il a été parlé plus haut (p. 623). Afin d'augmenter sa popularité, Octave chargea C. Calvisius Sabinus de prendre les mesures nécessaires pour la répression du brigandage en Italie [2] et la défense des propriétés à Rome [3]. Prévoyant que la rupture avec Antoine n'aurait pas lieu tout de suite [4], Octave supprima encore d'autres impôts très importants en faveur des villes, et promit d'abdiquer les pouvoirs du triumvirat, aussitôt qu'il aurait réussi à s'entendre avec Antoine, quand ce dernier serait revenu de son expédition contre les Parthes [5]. Il mit ainsi le comble à sa popularité ; on vota une loi, qui fut probablement proposée par un tribun [6], en vertu de laquelle Octave aurait le droit viager de siéger sur un siège de tribun et jouissait, comme César, aussi pour la vie, de l'inviolabilité tribunitienne [7]. Enfin l'État lui fournit une maison, comme à César ; il eut une *domus publica* [8].

A la fin de l'année 36, la situation d'Octave était meilleure que celle d'Antoine : il avait pour lui les faveurs populaires, ses provinces, y compris l'Italie, étaient mieux administrées et plus soumises. Deux seulement, l'Espagne et la Dalmatie, n'étaient pas complètement pacifiées. Il envoya C. Norbanus Flaccus dans la province d'Espagne [9], qui avait déjà valu un triomphe le 17 juillet précédent à Cn. Domitius Calvinus [10] ;

---

[1]) Dio C., 49, 15. App., *b. c.*, 5, 130.
[2]) App., *b. c.*, 5, 132. Cf. Dio C., 49, 15. 34.
[3]) App., *b. c.*, 5, 132.
[4]) Cf. App., *b. c.*, 5, 127. *Illyr.*, 17. Dio C., 49, 13. 15.
[5]) App., *b. c.*, 5, 132.
[6]) *Mon. Ancyr.*, 5, 19.
[7]) App., *b. c.*, 5, 132. Dio C., 49, 15. Oros., 6, 18. Suet., *Aug.*, 27. *Mon. Ancyr.*, 2, 21.
[8]) Dio C., 49, 15.
[9]) I. L. A., p. p. 461. 478. Cf. App., *b. c.*, 5, 134.
[10]) I. L. A. p. p. 461. 478. Dio C., 48, 42. Cf. Vell., 2, 78.

il résolut d'aller lui-même soumettre la **Dalmatie** [1]. Il ne voulait pas que la rupture avec Antoine vînt de lui, voilà pourquoi il lui renvoya les vaisseaux qu'il lui avait prêtés pour la guerre de Sicile [2] et lui fit part de son intention d'abdiquer le triumvirat [3].

Que faisait Antoine en Orient? Au mois de mars 37 [4], son lieutenant, le gouverneur C. Sosius, avait pris Jérusalem [5]; P. Canidius Crassus avait remporté quelques succès sur les Albains et les Ibères [6]; Antoine fit venir Cléopâtre en Syrie [7] et se décida enfin à commencer l'expédition depuis longtemps projetée contre les Parthes; il voulait leur reprendre les étendards que M. Crassus avait laissés entre leurs mains. L'expédition fut malheureuse, Antoine faillit avoir le même sort que Crassus, il dut s'estimer très heureux de revenir avec une partie de son armée [8]. Il envoya cependant à Rome un rapport officiel sur ses prétendues victoires; ce rapport dut arriver en décembre [9]; Octave, qui connaissait la vérité par des renseignements personnels, ne s'opposa pas au vote d'actions de grâces en l'honneur d'Antoine [10]. Bientôt, on apprit qu'Antoine revenu auprès de Cléopâtre [11], avait reconnu les enfants qu'il avait eus d'elle, les jumeaux Alexandre et Cléopâtre, et un fils plus jeune nommé Ptolémée; on apprit aussi qu'il avait donné à Cléopâtre, à ses enfants et à d'autres princes une partie des provinces romaines de Cilicie, de Syrie, de Crète et de Cyré-

[1]) App., *b. c.*, 5, 128. 132.
[2]) Dio C., 49, 14. App., *b. c.*, 5, 129. 139. Le passage de Plut., *Ant.*, 55 est faux ou altéré.
[3]) App., *b. c.*, 5, 132.
[4]) Jos., *Ant. jud.*, 14, 16, 4.
[5]) Dio C., 49, 22. Jos., *Ant. jud.*, 14, 15, 9 et seq. *B. jud.*, 1, 17, 9 et seq. Plut., *Ant.*, 34.
[6]) Dio C., 49, 24. Plut., *Ant.*, 34.
[7]) Plut., *Ant.*, 36. Cf. Dio C., 49, 23.
[8]) Dio C., 49, 24-31. 49, 17. 50, 27. Plut. *Ant.*, 37-50. App., *b. c.*, 5, 133. Liv., *ep.*, 130. Vell., 2, 82. Flor., 4, 10. Eutr., 7, 6. Aur. Vict., *Vir. ill.*, 85. Oros., 6, 19. Front., *Strat.*, 2, 3, 15. 2, 13, 7.
[9]) Cf. Plut. *Ant.*, 40. 50. Dio C., 49, 32 se trompe. Cf. App. *b. c.*, 5, 133 et Dio C., 49, 17.
[10]) Dio C., 49, 32.
[11]) Plut., *Ant.*, 52. App., *b. c.*, 5, 133. Dio C., 49, 18.

naïque[1] ; l'orgueil national du Romain fut profondément blessé ; mais Antoine se croyait tout permis, puisqu'on avait approuvé d'avance tous ses actes (p. 650).

Au commencement de 35[2], Octave donna l'ordre à sa sœur Octavie de partir pour l'Orient afin d'arracher Antoine à Cléopâtre ; sur la demande d'Octavie, il lui donna encore deux mille soldats, qu'elle devait conduire à l'armée de son mari[3]. Antoine était sur le point de partir pour aller combattre le roi d'Arménie, Artavasdes, fils de Tigrane, qui ne l'avait pas assez secondé pendant la campagne précédente[4] ; il pria Octavie, comme Octave l'avait prévu, de rester à Athènes, mais accepta les présents qu'elle lui apportait et les deux mille soldats ; puis, oubliant la campagne projetée, Antoine resta auprès de Cléopâtre[5].

La même année, 35, Octave avait formé le projet d'aller visiter les provinces d'Afrique[6] ; il y renonça pour aller combattre les tribus de l'Illyrie et la Pannonie, qui ne faisait pas encore partie de l'empire romain[7] ; de retour à Rome, il refusa le triomphe[8], et ordonna à Octavie de se considérer comme séparée de son mari[9]. Octavie refusa, déclarant qu'elle voulait continuer à remplir ses devoirs d'épouse et de mère ; sa conduite généreuse augmenta encore, sans qu'elle le voulût, la haine que l'on éprouvait pour Antoine[10] ; quelle digne épouse il délaissait pour vivre'avec Cléopâtre ! Mais Octave lui

---

[1]) Dio C., 49, 32. Plut., *Ant.*, 36. Jos., *Ant. jud.*, 15, 3, 8. 15, 4, 1. *B. jud.*, 1, 18, 4. Strab., 14, 5, 3. 14, 6, 6.

[2]) Les consuls de cette année furent L. Cornificius et Sex. Pompée, parent de celui qui s'était réfugié auprès d'Antoine. L. Cornificius avait été gouverneur d'Illyrie en 38 (App., *b. c.*, 5, 80.) ; il avait pris part à la guerre de Sicile (App., *b. c.*, 5, 86.) ; mais il était surtout connu par sa pénible retraite de Tauromenium vers Myles en 36. (App., *b. c.*, 5, 111 et seq. Dio C., 49, 6.)

[3]) Dio C., 49, 33. Plut., *Ant.*, 53. App., *b. c.*, 5, 138.

[4]) Dio C., 49, 25. 31. Plut., *Ant.*, 39. 50.

[5]) Dio C., 49, 33. Plut. *Ant.*, 52 et seq. Cf. App., *b. c.*, 5, 138.

[6]) Dio C., 49, 34. Suet., *Aug.*, 47.

[7]) Dio C., 49, 34-38, App., *Illyr.*, 16-24. *b. c.*, 5, 145. Liv., *ep.*, 131. Vell., 2, 78. Oros., 6, 19.

[8]) Dio C., 49, 38.

[9]) Plut., *Ant.*, 54.

[10]) Plut., *Ant.*, 54.

fit donner, ainsi qu'à Livie, probablement par une loi tribunitienne, le droit d'administrer sa fortune personnelle ; il leur
fit aussi accorder le privilège de l'inviolabilité tribunitienne [1] ;
elles furent à peu près assimilées aux Vestales [2]. La rupture
n'eut pas encore lieu ; en vertu de conventions antérieures
Antoine devait être consul en 34 avec L. Scribonius Libo ;
Antoine se fit remplacer le 1er janvier par L. Sempronius Atra-
tinus [3] ; Octave ne s'opposa pas à ce que l'on votât de nouveaux
honneurs à son rival. On en était là quand on apprit la mort
de Sex. Pompée [4].

Pompée avait gagné l'Asie et Octave avait refusé de le
poursuivre pour ne pas empiéter sur les territoires qui rele-
vaient d'Antoine [5] ; arrivé en Asie, Pompée s'était mis aussitôt
en relation, d'une part avec Antoine, de l'autre avec le roi des
Parthes [6]. Il fut bien accueilli par le gouverneur d'Asie, C. Furnius [7] ; mais un attentat commis sur la personne du gouverneur de Bithynie, Cn. Domitius Ahenobarbus [8], le rendit
suspect ; il s'empara alors de Lampsaque, fit une tentative
contre Cyzique [9], força C. Furnius à prendre la fuite et enfin
occupa Nicée et Nicomédie [10]. Quand M. Titius [11], chargé par
Antoine de négocier avec lui, se présenta, Sex. Pompée brûla
ses vaisseaux pour gagner l'intérieur du pays ; à ce moment,
Cassius Parmensis, Sentius Saturninus et quelques autres,

[1]) Dio C., 49, 38..
[2]) Plut., *Num.*, 10. Gell., 1, 12. Les Vestales étaient soustraites à l'autorité de leur famille naturelle ; elles n'étaient plus soumises à la *Patria
potestas*, elles ne pouvaient être mises en tutelle ; la religion avait fait d'elles
les filles religieuses du père religieux du peuple romain, le *flamen Dialis*.
(N. D. T.).
[3]) Dio C., 39, 38. 39. Cf. Jos., *Ant. jud.*, 14, 14, 4. *B. jud.*, 1, 14, 4.
[4]) Dio C., 49, 18.
[5]) App., *b. c.*, 5, 127.
[6]) App., *b. c.*, 5, 133-136. Dio C., 49, 17.
[7]) Cf. App., *b. c.*, 5, 75.
[8]) Cf. Plut., *Ant.*, 40.
[9]) App., *b. c.*, 5, 137. Cf. Dio C., 49, 17.
[10]) App., *b. c.*, 5, 138.
[11]) App., *b. c.*, 5, 134. 136. M. Titius était le fils du proscrit (plus haut,
page 652) ; en 40 Pompée l'avait fait prisonnier puis l'avait remis en liberté
(Dio C., 48, 30. App., *b. c.*, 5, 142.) ; pendant la guerre contre les Parthes
il avait été questeur d'Antoine. (Plut., *Ant.*, 42.)

en particulier son beau-père L. Scribonius Libo, le consul désigné, l'abandonnèrent pour aller rejoindre Antoine[1]. Sex.
Pompée s'enfuit à travers la Bithynie et l'Arménie, il fut
rejoint, arrêté et tué à Milet[2].

En 34[3], Octave dut renoncer à son projet de visiter la
Gaule et la Bretagne pour aller de nouveau combattre en Dalmatie. Les tribus récemment soumises venaient de s'insurger ;
ses généraux M. Messalla, M. Agrippa et T. Statilius Taurus[4]
combattirent avec des chances diverses[5]. La guerre continua
pendant l'année 33 ; cette année, comme il avait été convenu
autrefois, Octave prit possession du consulat avec L. Volca-
tius Tullus qui remplaça Sex. Pompée ; dès le premier janvier,
Octave se fit remplacer par P. Autronius Pætus[6]. Les Dal-
mates firent enfin leur soumission et rendirent les enseignes
qu'ils avaient enlevées à A. Gabinius en 47[7]. Octave refusa
encore le triomphe qui lui fut offert[8].

A l'extérieur Octave augmentait donc les forces de l'empire
romain ; la mort du roi Bocchus[9] lui fournit encore l'occasion
de réunir la Maurétanie[10] ; à l'intérieur il se montrait préoc-
cupé d'augmenter le prestige et l'éclat de l'empire qu'il était
chargé de gouverner. Il surveilla la célébration des fêtes[11], et
se fit autoriser par un sénatus-consulte à augmenter le
patriciat en y faisant entrer un certain nombre de familles
plébéiennes[12] ; la loi *Sænia*, en vertu de laquelle fut opérée
cette réforme, fut certainement présentée et exécutée avant

---

[1] App., *b. c.*, 5, 139.

[2] App., *b. c.*, 5, 140-144. Dio C., 49, 18. Liv., *ep.*, 131. Vell., 2, 79.
Flor., 4, 8, 8. Eutrop., 7, 6. Aurel. Vict., *Vir. ill.*, 84. Oros., 6, 19.

[3] Pendant l'année 34, L. Scribonius Libo fut réellement consul jusqu'en
juillet : I. L. A., p. 471.

[4] T. Statilius Taurus avait triomphé de l'Afrique le 30 juin de la même
année : I. L. A., pp. 461. 478.

[5] Dio C., 49, 38. 50, 24. 28. App., *Illyr.*, 17. 21. 24-27. Liv., *ep.*, 132.
Suet., *Aug.*, 20. I. L. A., p. 471.

[6] I. L. A., p. 471. App., *Illyr.*, 27. Dio C., 49, 43. Suet., *Aug.*, 26.

[7] App., *Illyr.*, 28. Dio C., 49, 43. *Mon. Ancyr.*, 5, 40.

[8] App., *Illyr.*, 28.

[9] Cf. Dio C., 48, 45.

[10] Dio C., 49, 43. 50, 6. Cf. 51, 15.

[11] Dio C., 49, 42.

[12] Dio C., 49, 43. 52, 42.

l'année 30 [1]. Il construisit le temple d'Apollon Palatin [2], et en l'honneur de sa sœur le portique Octavia [3]. Il chargea M. Agrippa de restaurer l'aqueduc de l'Aqua Marcia ; comme on manquait de candidats à l'édilité [4], Octave se chargea volontairement des fonctions d'édile, et remit en état les monuments publics, les rues et surtout les égouts [5]. Tout en conservant ses airs modestes [6], Octave éclipsait par ses services rendus à l'État tous les triomphateurs de l'époque, et C. Sosius qui triompha le 3 sept. 34 de la Judée, et C. Norbanus Flaccus, et L. Marcius Philippus [7] qui triomphèrent tous deux de l'Espagne, le premier le 20 octobre 34, le second le 27 avril 33 [8].

En 34, Antoine entreprit contre le roi d'Arménie [9] la campagne qu'il avait dû faire l'année précédente ; il s'empara par ruse du roi Artavasdes, et occupa l'Arménie [10]. Pour ces hauts faits Antoine célébra un triomphe à Alexandrie [11] ; puis, en 33, il procéda à une nouvelle répartition des provinces de Syrie, de Cilicie et Cypre, de Crète et Cyrénaïque ainsi que de l'Arménie nouvellement conquise entre Cléopâtre et ses enfants ; à ce moment il reconnut Ptolémée Cæsarion [12] comme fils de César et le traita avec beaucoup de considération [13]. Il espérait par là susciter des embarras à Octave, fils adoptif et héritier de César; depuis qu'Octave lui avait parlé de la proposition d'abdiquer le triumvirat, il entretenait avec lui une correspondance tantôt personnelle, tantôt officielle, dont le ton devenait de plus en plus menaçant [14] ; il reprochait à

---

[1]) *Mon. Ancyr.*, 2, 1.
[2]) Dio C., 49, 15. Vell., 2, 81. Suet., *Aug.*, 29. 57. *Mon. Ancyr.*, 4, 1.
[3]) Dio C., 49, 43. App., *Illyr.*, 28.
[4]) Cf. Dio C., 49, 16.
[5]) Dio C., 49, 42. Front., *Aquad.*, 9. Plin., *n. h.*, 36, 15, 24, 104.
[6]) Dio C., 49, 4.
[7]) Cf. Cic., *Phil.*, 3, 10, 25.
[8]) I. L. A., pp., 461. 478.
[9]) App., *b. c.*, 5, 145.
[10]) Dio C., 49, 39 et seq. Plut., *Ant.*, 50. Jos., *Ant. jud.*, 15, 4, 2. *B. jud.*, 1, 18, 5. Liv., *ep.*, 131. Vell., 2, 82. Oros., 6, 19.
[11]) Dio C., 49, 40. Plut., *Ant.*, 50.
[12]) Plut., *Cæs.*, 49. 81. Suet., *Cæs.*, 52. *Aug.*, 17.
[13]) Dio C., 49, 41. 47, 31. 50, 1. Plut., *Ant.*, 54. Liv., *ep.*, 131.
[14]) Cf. Liv., *ep.*, 132. Suet., *Aug.*, 69.

Octave la déposition arbitraire de Lépide, l'occupation aussi arbitraire de la Sicile et des deux provinces d'Afrique ; il lui jetait à la face que les conditions du traité de Tarente concernant les soldats n'avaient pas été observées [1]. En 33, Antoine fit une nouvelle expédition contre les Parthes, mais se contenta de signer un traité avec le roi des Mèdes ; Artavasdes promettait de le soutenir dans sa guerre contre Octave [2]. Antoine donna ensuite l'ordre à P. Canidius Crassus de se diriger vers les côtes de l'Asie Mineure avec seize légions [3].

L'opinion à Rome était franchement hostile à Antoine dès l'année 33. Octave avait depuis longtemps justifié l'occupation de la Sicile et des deux provinces d'Afrique en disant qu'il les considérait comme l'équivalent de l'Égypte sur laquelle Antoine avait mis la main ; plus tard Octave récrimina au sujet de l'Arménie qui, d'après lui, aurait dû être partagée. D'autre part, les anciens Pompéiens ne pardonnaient pas à Antoine la mort de Sex. Pompée ; Octave, en revanche, disait bien haut qu'il l'avait épargné avec intention [4]. Tous reprochaient hautement à Antoine les procédés qu'il avait employés pour tromper le roi d'Arménie, l'abandon d'Octavie, sa liaison avec Cléopâtre, et surtout lui faisaient un crime d'avoir disposé de provinces romaines en faveur de Cléopâtre et de ses enfants [5]. Des partisans avoués d'Antoine, comme C. Asinius Pollio, resté en Italie après son triomphe [6], n'osaient pas prendre sa défense pour justifier ces derniers actes. La rupture définitive eut lieu en 32, peu de temps après l'entrée au consulat de C. Sosius et de Cn. Domitius Ahenobarbus [7], deux partisans d'Antoine, qui devinrent consuls en vertu de conventions antérieures [8].

Le 1er janvier 32, C. Sosius essaya de faire voter un sénatus-

---

[1]) Dio C., 50, 1 et seq. Plut., *Ant.*, 55.
[2]) Dio C., 49, 44. Plut. *Ant.*, 53.
[3]) Plut., *Ant.*, 56.
[4]) Cf. App., *b. c.*, 5, 127. Vell., 2, 87.
[5]) Dio C., 50, 1 et seq. 24 et seq. Plut., *Ant.*, 55.
[6]) Vell., 2, 86.
[7]) Ch. Plut., *Ant.*, 56.
[8]) Dio C., 49, 41. 50, 2.

consulte, favorable à Antoine et hostile à Octave ; mais un tribun, Nonius Balbus, opposa son intercession [1]. On reçut ensuite des rapports d'Antoine, qui passait l'hiver de 33-32 à Ephèse et à Samos avec Cléopâtre [2] ; dans ces rapports Antoine racontait comment il avait conquis l'Arménie, expliquait les dispositions qu'il avait prises concernant les provinces ; ils ne furent pas lus au sénat, parce que les consuls favorables à Antoine ne voulaient donner communication que du rapport concernant l'Arménie, Octave fit opposition [3]. A cette occasion, M. Valerius Messala parla de la vie voluptueuse que menait Antoine à Alexandrie [4]. Octave déclara, lui, que tel jour il apporterait au sénat des preuves écrites de la culpabilité d'Antoine ; avant ce jour, les consuls quittèrent la ville pour aller rejoindre Antoine [5]. Lorsqu'Antoine connut ces incidents, quand il sut quel langage Octave avait tenu à son égard devant le sénat, il écrivit d'Athènes à Octavie pour lui annoncer qu'il la répudiait [6], c'était déclarer la guerre à Octave. A ce moment, L. Munatius Plancus qui avait gouverné la Syrie en 35 et avait eu toute la confiance d'Antoine [7], quitta son ancien chef, emmenant avec lui son neveu, M. Titius [8] ; il vint trouver Octave, et lui parla d'un testament qu'Antoine avait déposé dans le temple des Vestales [9].

Dans ce testament on trouvait réunies les preuves par lesquelles Antoine établissait que Ptolémée Césarion était bien le fils de César ; Octave y puisa des arguments pour démontrer au peuple que la guerre était inévitable. Il venait d'établir de nouveaux impôts semblables à ceux de 43 ; les propriétaires libres devaient abandonner au trésor le quart du revenu d'une

[1]) Dio C., 50, 2.
[2]) Plut., *Ant.*, 56.
[3]) Dio C., 49, 41.
[4]) Plin., *n. h.*, 33, 3, 14, 50. Cf. Charis., p. 129, 7 Keil.
[5]) Dio C., 50, 2. 20. Cf. Suet., *Aug.*, 17.
[6]) Dio C., 50, 3. Plut., *Ant.*, 57. Liv., *ep.*, 132. Eutr., 7, 6. Oros., 6, 19. Hieron., *ad Eus. chron.*, p. 141 (Schœne).
[7]) App., *b. c.*, 5, 144. Vell., 2, 83.
[8]) Cf. *Ephem. epigr.*, tome II, p. 9.
[9]) Dio C., 50, 3. Plut., *Ant.*, 58. Vell., 2, 83.

année, les affranchis qui possédaient plus de 200,000 sesterces étaient obligés de donner le huitième de leur fortune [1]; aussi on témoignait peu d'enthousiasme pour la nouvelle guerre civile, et Octave dut se tenir en garde contre des complots sérieux. Il s'empara du testament d'Antoine et en donna lecture au sénat; à cette occasion, deux des anciens partisans d'Antoine qui l'avaient abandonné, C. Calvisius Sabinus et C. Furnius montrèrent comment vivait leur ancien chef à Alexandrie, ses mœurs n'étaient plus romaines, elles étaient orientales [2]. On lut aussi le testament au peuple [3]; peuple et sénat en conclurent que s'il était vainqueur, Antoine fixerait sa résidence à Alexandrie, Rome serait abandonnée; alors on décida qu'Antoine n'aurait pas, comme il avait été convenu, le consulat en 31; — Antoine avait déjà désigné L. Cluvius pour exercer les fonctions consulaires à sa place [4]; — le sénat lui enleva encore ses pouvoirs de triumvir, mais n'alla pas jusqu'à le déclarer ennemi public; il se contenta d'annoncer que tous ceux qui l'abandonneraient auraient bien mérité de l'État, et déclara, selon les coutumes anciennes, la guerre à Cléopâtre parce qu'elle avait usurpé des parties étendues de provinces romaines; les sénateurs revêtirent le vêtement de guerre (sagum) [5].

Antoine, prévenu de ce qui venait de se passer au sénat, se fit prêter serment de fidélité par ses soldats et les princes d'Orient, ses alliés [6]; il réunit une assemblée militaire, et jura lui même de combattre jusqu'au bout : il n'accepterait pas de traité de paix; six mois après la victoire, il abdiquerait ses pouvoirs de triumvir et rétablirait la constitution républicaine[7]; il fit part de ces résolutions au sénat [8]. Octave dut s'estimer très heureux de n'être pas attaqué en 32; Antoine aurait pu

[1]) Plut., *Ant.*, 58. Dio C., 50, 10. 16. 20. 51, 3.
[2]) Plut., *Ant.*, 58. Dio C., 50, 3. 5.
[3]) Dio C., 50, 3. 20. Suet., *Aug.*, 17.
[4]) Dio C., 49, 44.
[5]) Dio C., 50, 4. 6. 20. 21. 26. Plut., *Ant.*, 60. Cf. App., *b. c.*, 4, 38. 45.
[6]) Plut., *Ant.*, 56. 61. Dio C., 50, 6. Cf. Jos., *Ant. jud.*, 15, 5, 1. *B. jud.* 1, 15, 1.
[7]) Dio C., 50, 7. 22.
[8]) Dio C., 49, 41.

débarquer en Italie et profiter du mécontentement qu'avaient causé les nouveaux impôts parmi les affranchis [1] ; le fils de Lépide, espérant sans doute rallier ces mécontents, avait organisé un véritable complot contre Octave [2]. Mais Antoine ne fut pas prêt à temps, il se retira de Corcyre à Patræ pour y passer l'hiver [3]. Là encore, plusieurs de ses partisans l'abandonnèrent ; on cite Fufius Geminus [4] et M. Junius Silanus [5].

Octave eut pour lui l'Italie, les provinces de Gaule, Espagne, Afrique, Sicile et Sardaigne qui lui jurèrent fidélité [6]. Pendant l'hiver, Octave demanda à Antoine une entrevue personnelle, soit en Grèce, soit en Italie ; Antoine refusa [7]. Le 1ᵉʳ janvier 31, Octave prit possession de son troisième consulat ; il dut avoir pour collègue M. Valerius Messalla, élu pour remplacer Antoine [8]. Antoine mit beaucoup de lenteur à commencer les hostilités ; Agrippa en profita pour parcourir les côtes du Péloponnèse ; Octave, après avoir nommé, comme pendant la guerre de Sicile, Mécène, préfet de la ville de Rome [9], confia le commandement de son armée de terre à T. Statilius Taurus [10], et passa en Épire avec toutes ses forces [11]. Les deux armées s'observèrent longtemps [12] ; Antoine vit encore s'éloigner plusieurs de ses partisans [13], par exemple Cn. Domitius Ahenobarbus et Q. Dellius, son conseiller intime [14]. Par déférence aux volontés de Cléopâtre [15], Antoine consentit à livrer le combat décisif sur mer ; la bataille navale

---

[1] Dio C., 50, 9. 10. 16. 51, 3. Plut., *Ant.*, 58.
[2] App., *b. c.*, 4, 50. Cf. Liv., *ep.*, 133. Vell., 2, 88. Suet., *Aug.*, 19 Dio C., 54, 15.
[3] Dio C., 50, 9. Plut., *Ant.*, 60.
[4] Cf. Dio C., 49, 38.
[5] Plut., *Ant.*, 59. Vell., 2, 84.
[6] Dio C., 50, 6. Suet., *Aug.*, 17. *Mon. Ancyr.*, 5, 3. Cf. Plut., *Ant.*, 61.
[7] Dio C., 50, 9. Cf. Plut., *Ant.*, 62. Liv., *ep.*, 132.
[8] I. L. A., p. 471. Dio C., 50, 10. 47, 11. App., *b. c.*, 4. 38. Cf. Plut., *Brut.*, 53. Suet., *Aug.*, 26.
[9] Vell., 2, 88. Tac., *Ann.*, 6, 11. App., *b. c.*, 4, 50. Dio C., 51, 3.
[10] Plut., *Ant.*, 65. Vell., 2, 85. Dio C., 50, 13.
[11] Dio C., 50, 11. Liv., *ep.*, 132. Oros., 6, 19.
[12] Dio C., 50, 12-30. Plut., *Ant.*, 63 et seq.
[13] Dio C., 50, 13, 23. Plut., *Ant.*, 63. 59. Vell., 2, 84. Suet., *Ner.*, 3.
[14] Cf. Plut., *Ant.*, 25. Jos., *Ant. jud.*, 14, 15, 1. 15, 2, 6.
[15] Plut., *Ant.*, 63 et seq. Dio C., 50, 15.

eut lieu près du promontoire d'Actium, le 2 septembre [1];
Cléopâtre s'enfuit dès le commencement de l'action, et, grâce
au talent militaire du général Agrippa, Octave remporta une
victoire complète [2]. L'armée de terre d'Antoine se donna à
Octave; le général P. Canidius Crassus n'avait pas reçu
d'ordres; il s'enfuit sept jours après la bataille [3].

Antoine et Cléopâtre s'étaient retirés à Alexandrie [4]; Octave
put donc profiter de sa victoire pour régler le sort des villes,
des princes et des provinces orientales en Grèce et en Asie
Mineure [5]. En général, il se montra généreux pour les sénateurs et les chevaliers du parti d'Antoine qui tombèrent entre
ses mains; il pardonna même à C. Sosius [6]. Il incorpora les
soldats d'Antoine dans son armée; il licencia immédiatement
les soldats citoyens qui avaient accompli leur temps de service
et les renvoya en Italie; il dispersa les autres sur différents
points du territoire de l'empire le plus vite possible. Craignant
une révolte des soldats licenciés, il envoya Agrippa à Rome
pour seconder Mécènes [7]. Lui-même fut obligé d'interrompre
son voyage dans les provinces orientales; après avoir pris
possession de son quatrième consulat [8], le 1er janvier 30, il
revint de Samos [9] en Italie [10]. Il s'arrêta à Brindes où vinrent
le trouver les principaux magistrats et les sénateurs; là il prit
à la hâte les mesures nécessaires au règlement des distributions de terres aux soldats licenciés, et des indemnités que
devaient recevoir les propriétaires expropriés [11].

[1] Dio C., 51, 1. I. L. A., p. 324.

[2] Dio C., 50, 31-35. Plut., *Ant.*, 65-68. Jos., *Ant. jud.*, 15, 5, 2. 15, 6,
1. *B. jud.*, 1, 20, 1. Liv., *ep.*, 133. Vell., 2, 84 et seq. Suet., *Aug.*, 17. 96.
Flor., 4, 11. Oros., 6, 19. Eutrop., 7, 7. Aur. Vict., *Vir. ill.*, 85. Cassiodor.,
p. 626 (Mommsen).

[3] Plut., *Ant.*, 68. Dio C., 51, 1. Vell., 2, 85.

[4] Plut., *Ant.*, 67. 69. Dio C., 51. 5.

[5] Dio C., 51, 2. 4.

[6] Dio C., 51, 2. App., *b. c.*, 4, 42. 49. Vell., 2, 86. *Mon. Ancyr.*, 1, 13.

[7] Dio C., 51, 3.

[8] Suet., *Aug.*, 26.

[9] Cf. Suet., *Aug.*, 17. App., *b. c.*, 4, 42.

[10] Plut., *Ant.*, 73.

[11] Dio C., 51, 4. Suet., *Aug.*, 17. 46. Oros., 6, 19. *Mon. Ancyr.*, 1, 17.
3, 22. Hygin. p. 177 (Lachmann).

Il resta vingt-sept jours à Brindes[1] et repartit pour l'Asie ; il traversa la Syrie et arriva à Péluse ; en même temps, C. Cornelius Gallus venu de la Cyrénaïque pénétrait en Egypte par Parætonium[2]. Antoine avait demandé à plusieurs reprises de traiter [3] ; on avait repoussé ses offres ; il essaya encore de lutter dans le voisinage d'Alexandrie, mais il fut battu, et sa flotte l'abandonna[4]. Octave occupa Alexandrie le 1er août[5]. Antoine s'était déjà donné la mort. Cléopâtre espéra quelque temps que le vainqueur lui laisserait l'Egypte ; quand elle sut qu'elle était destinée à figurer au triomphe d'Octave, elle se donna aussi la mort[6]. Octave était maître de l'Egypte ; il était aussi seul maître, monarque, d'un état agrandi par une nouvelle conquête, l'Égypte, mais épuisé par les guerres civiles.

[1]) Suet., *Aug.*, 17. Dio C., 51, 5.

[2]) Dio C., 51, 9. Jos., *Ant. jud.*, 15, 6, 7. *B. jud.*, 1, 20, 3. Flor., 4, 11, 9.

[3]) Plut., *Ant.*, 72. Dio C., 51, 6. 8.

[4]) Dio C., 51, 10. Plut., *Ant.*, 74 et seq. Cassiodr., p. 626 (Mommsen). I. L. A., p. 471.

[5]) I. L. A., pp., 324. 328. Oros., 6, 19. Dio C., 51, 19.

[6]) Dio C., 51, 10-15. Plut., *Ant.*, 76-86. Liv., *ep.*, 133. Vell., 2, 87. Suet., *Aug.*, 17. Flor., 4, 11. Eutrop., 7, 7. Oros., 6, 19 et seq. Hor., *Carm.*, 1, 37.

FIN

APPENDICE

A.

LA DICTATURE [*]

La dictature fut instituée pour sauver l'État [1] dans les circonstances difficiles, *in asperioribus bellis aut in civili motu difficiliore* [2], quand les pouvoirs limités des consuls responsables n'étaient pas à la hauteur de la situation ; on les remplaçait alors par un magistrat unique qui était irresponsable et avait des pouvoirs illimités ; il ne différait des anciens rois que par la durée limitée de ses fonctions [3].

Quel était le pouvoir chargé de constater que l'État se trouvait réellement dans cette situation critique, et qu'il fallait recourir au remède suprême de la dictature (*ultimum auxilium*) [4]. C'était le sénat qui votait la *lex de dictatore creando* [5]. Mais au début le sénat dependait lui-même des consuls (ou des tribuns consulaires) puisque ces derniers seuls pouvaient autoriser le sénat à rendre un sénatus-consulte. On explique ainsi pourquoi les auteurs signalent parfois, dans les premiers temps de la république, l'opposition de ces magistrats [6] ; le sénat triomphait de leur résistance en excitant les tribuns du peuple contre les consuls. Ces derniers cédaient, parce qu'ils s'exposaient à être mis en accusation en sortant de charge ; d'ailleurs, ils avaient intérêt à ne pas provoquer les tribuns ; en général, ils laissèrent toute liberté au sénat et n'opposèrent aucun obstacle à l'acceptation du sénatus-consulte. Une fois les consuls et le sénat d'accord, en droit l'intercession tribunitienne ne pouvait pas se produire à l'égard de la décision du sénat : les tribuns ne pouvaient pas empêcher la nomination du dictateur [7], puisque la loi *de dictatore creando* ne mentionne pas l'intercession tribunitienne qui fut

---

[*] Comme nous l'avons dit dans notre Préface, l'ouvrage de M. Lange comprend réellement deux ouvrages : un récit chronologique des événements et une série d'études sur les institutions. Dans notre *Histoire intérieure de Rome*, nous avons laissé de côté cette dernière partie, qui est pourtant très importante et très volumineuse. Nous en donnons, à titre de spécimen, deux fragments. La monographie de la *Dictature* se trouve dans l'ouvrage allemand, tome I, pages 749-770 de la 3e édition. Nous la reproduisons en entier.

[1] Cf. Vell., 2, 28.

[2] *Orat. Claud.*, 1, 28. Cic., *de leg.*, 3, 3, 9. Voir tome 1, p. 126.

[3] Cic., *de rep.*, 2, 32. Liv., 8, 32. Zon., 7, 13.

[4] Liv., 6, 38, 3.

[5] Cic., *de leg.*, 3, 3, 9.

[6] Liv., 4, 26. 56.

[7] Liv., 4, 57.

établie postérieurement; le sénat avait donc le droit de ne pas tenir compte des prétentions que les tribuns pouvaient avoir à ce sujet. On ne peut pas dire non plus, en s'appuyant sur les faits de l'année 210, que l'opposition de l'un des consuls, *intercessio paris potestotis*, pouvait se produire en droit ou en fait [1]. D'ailleurs la dépendance des consuls à l'égard du sénat ne fit qu'augmenter, surtout lorsque d'autres magistrats eurent obtenu le droit de faire délibérer le sénat; le sénat put alors voter le sénatus-consulte établissant la dictature sans l'intervention des consuls. Le sénat posséda ainsi un moyen efficace de tenir les consuls sous sa dépendance [2]; quand il voulait les faire plier, il les menaçait de les déclarer incapables de gouverner l'État. Les consuls, en effet, ne pouvaient pas désobéir; une fois voté le sénatus-consulte qui les plaçait sous la dépendance d'une magistrature supérieure, les consuls étaient obligés de se soumettre et d'exécuter l'ordre du sénat, probablement sous la menace de pénalités religieuses que devait renfermer la loi de dictatore creando. Le sénat, de son côté, ne devait pas se laisser entraîner à créer des dictatures sans motif sérieux; ses pouvoirs étaient aussi limités par la dictature; il perdait le droit de diriger la politique étrangère; en temps ordinaire les consuls n'étaient, sous ce rapport, que ses agents exécutifs. Irresponsable, le dictateur pouvait facilement se soustraire à l'autorité du sénat, à son égard il avait une indépendance pareille à celle des anciens rois [3]; elle n'était limitée que sur un point; comme il ne devait pas rendre de comptes sur l'emploi des deniers publics, comme il n'était pas tenu de passer par l'intermédiaire des questeurs, il était obligé de se mettre d'accord avec le sénat pour régler les dépenses de son administration [4]; les consuls, eux, pouvaient au contraire puiser dans le trésor public comme ils l'entendaient, précisément parce qu'ils étaient responsables et obligés de fournir des comptes. Cependant, il faut constater que, dans la première période de la république, tant que le sénat défendit les intérêts politiques des patriciens, il demanda souvent la nomination de dictateurs sans motif valable; souvent même l'établissement de cette magistrature extraordinaire fut contraire aux véritables intérêts de l'État : on se servait de la dictature comme d'une arme pour combattre la plèbe.

Qui nommait le dictateur? en vertu de la loi de dictatore creando, les consuls [5] et les tribuns militaires à pouvoir consulaire [6] avaient seuls ce droit. Le dictateur ne pouvait être désigné ni par un préteur[7], ni par un interroi [8], ni par un autre dictateur. Si plusieurs magistrats également autorisés se présentaient pour faire la nomination, le

---

[1] Liv., 27, 5.
[2] Liv., 5, 9. 30, 24.
[3] Polyb., 3, 87.
[4] Liv., 22, 23, 8. Dio C., *fr.* 57, 16 B. Zon., 7, 13.
[5] Liv., 27, 5.
[6] Liv., 4, 31.
[7] Liv., 22, 8. Plut. se trompe : *Marc.*, 24.
[8] Dion. fait erreur : 11, 20 ; cf. 5, 71.

sénat les invitait à désigner l'un d'entr'eux [1], ou on tirait au sort [2].
S'ils étaient absents, à l'armée, ils n'étaient pas obligés de revenir à
Rome ; celui qui recevait le premier communication du sénatus-
consulte [3], désignait le dictateur ; mais il fallait qu'il fût pour cela
sur le territoire romain, *ager romanus*, c'est-à-dire en Italie [4].
Pour nommer un dictateur (*dicere* [5] *dictatorem*, ou *facere, creare,
legere, nominare*), il fallait observer certaines règles établies ; la
proclamation devait se faire au milieu de la nuit [6] qui suivait le vote
du sénatus-consulte : le consul, *oriens* (c.-à-d. *surgens*) *nocte silentio*
prenait en même temps les auspices [7]. Le silence (dans le sens
augural du mot [8]) avait-il été bien observé, les auspices avaient-ils été
favorables, le consul seul en était juge ; s'il reconnaissait plus tard
avoir omis quelque observance religieuse, et s'il le déclarait, le dictateur, dont la nomination n'avait pas été régulière, *vitio creatus*,
devait donner sa démission [9].

En vertu de la loi de dictatore creando, le consul ne pouvait
désigner qu'un consulaire [10], par conséquent un patricien. Mais de
bonne heure, à partir de M. Valérius Maximus en 494 [11], cette prescription fut abandonnée [12] ; elle n'était peut-être pas formellement
inscrite dans la loi, ou bien on avait négligé d'établir des sanctions
sérieuses pour empêcher les magistrats de dépasser leurs pouvoirs,
alors les consuls la laissèrent tomber d'elle-même ; on peut encore
supposer qu'elle fut supprimée par voie législative. Enfin on peut
soutenir cette autre hypothèse, que Tite-Live, ou l'auteur qu'il a
suivi, a mal compris le texte de la loi de Dictatore creando ; la loi ne
parlait pas seulement des consulaires, elle spécifiait que les dictateurs
seraient choisis dans des familles consulaires. A partir des lois
liciniennes jusqu'en 320, la plupart des dictateurs nommés appar-
tiennent à cette dernière catégorie : ils n'avaient pas été consuls.
Après 320, le sénat qui exerça dès lors une plus grande autorité sur
les magistrats, ne laissa plus nommer que des consulaires [13] ; il y eut
cependant encore quelques exceptions. Le premier plébéien qui arriva
à la dictature fut nommé en 356 ; il avait été consul [14]. Remarquons
enfin que ni le sénat ni le peuple n'avaient aucun droit d'imposer au
consul le choix d'un personnage quelconque. Le consul tenait souvent
compte des préférences du sénat, au point que dans certains cas, il

[1] Liv., 4, 21.
[2] Liv., 4, 26.
[3] Liv., 7, 21. 8, 23. 9, 38.
[4] Liv., 27, 5. 29.
[5] C'est de là que plusieurs auteurs font dériver, à tort, le titre de *dictator:*
Cic., *de rep.*, 1, 40. Varr., *l. l.*, 5, 82. 6, 61.
[6] Dion., 11, 20. Liv., 23, 22. Dio C., *fr.* 36. 26 B.
[7] Liv., 8, 23. 9, 38. 10, 40. Cic., *de leg.* 3, 3, 9.
[8] Cic., *de div.*. 2, 34. Fest., p. 348.
[9] Liv., 8, 23, 14. 8, 15, 6. 6, 38. 9, 7. 22, 33. 34.
[10] Liv., 2, 18. Voir tome I, page 128.
[11] l. L. A., p. 284.
[12] Liv., 4, 26.
[13] Voir tome I, page 312.
[14] Voir tome I, page 229.

paraissait ratifier de fait un choix arrêté par le sénat [1], mais il agissait ainsi de sa propre volonté [2]. Les nominations de Q. Fabius Maximus en 217 [3], et celle de Q. Fulvius en 210 furent des exceptions; le premier fut nommé par le peuple, probablement par les comices tributes réunis sous la présidence d'un préteur; en 210 le sénat voulut forcer un des deux consuls à nommer un candidat désigné par le peuple [4]. Le consul M. Valérius Lævinus s'y opposa, et à juste titre; Q. Fulvius n'eût pas été nommé, si l'autre consul n'avait consenti à ratifier le choix du sénat et du peuple.

Il va sans dire que le consul pouvait nommer son collègue [5], ou, après 366, le préteur en exercice [6]; il n'y avait pas cumul, puisque toutes les magistratures étaient considérées comme suspendues pendant la dictature.

Aussitôt qu'il avait été nommé par le consul, le dictateur était investi de la puissance (*potestas*) dictatoriale. On sait qu'une magistrature républicaine ne pouvait être légitime si elle n'était pas donnée (*creata*) par le peuple; la dictature, créée sans l'intervention populaire, était cependant une magistrature (*magistratus*) légitime. En votant la loi de dictatore creando le peuple avait renoncé pour toujours à intervenir dans sa nomination (*creatio*). Sous ce rapport, la puissance du dictateur ressemble à celle de l'interroi qui n'était pas élu, mais désigné d'après des règles admises depuis toute antiquité; la nominination de ces deux magistrats extraordinaires présente beaucoup de points communs [7]. Mais en renonçant à l'élection, le peuple avait posé ses conditions et obtenu des garanties : le consul était tenu à désigner des personnages qui avaient été consuls, par conséquent avaient été consacrés par l'élection populaire, ou qui appartenaient à une famille de consulaires, qui par conséquent avait été soumise à l'épreuve du vote populaire [8].

Le pouvoir du dictateur ne différait pas en droit de celui des consuls; en fait nous avons déjà dit que pour l'administration financière il dépendait du sénat. Or c'était là une conséquence de l'*imperium*; c'était par l'*imperium* que les fonctions du dictateur différaient de celles des consuls. Comme les consuls, il devait recevoir cet *imperium* des curies; les curies n'avaient pas renoncé, et, pour des raisons religieuses, n'avaient pas pu renoncer à leur droit d'intervenir dans la consécration du dictateur, comme dans la nomination de tous les magistrats investis de l'*imperium*. Mais du moment où le dictateur était désigné, le pouvoir des consuls était suspendu, le dictateur était le seul magistrat revêtu du pouvoir (*potestas*), c'était donc lui qui devait proposer la loi curiate *de imperio, patrum*

[1] Liv., 2, 30.
[2] Liv., 9, 38. 8, 17.
[3] Liv., 22, 8. 34.
[4] Liv., 27, 5. Plut., *Marc.*, 25.
[5] Liv., 8, 12, 13.
[6] Liv., 8, 12, 2.
[7] Dion., 5, 72.
[8] Liv., 2, 18. Cf. Dion., 5, 70.

auctoritate [1]. Il n'y eut qu'une seule exception, — nous ne parlons pas, bien entendu, de César [2], — il s'agit de Camille ; quand il fut nommé dictateur, M. Furius Camillus était absent, et ce fut un des magistrats alors en exercice qui s'adressa aux curies pour proposer la loi curiate [3].

L'*imperium* du dictateur différait de celui des consuls par ce fait qu'un seul pouvait en être investi. Il ne pouvait y avoir deux dictateurs à la fois. Aussi la tentative faite en 216 de nommer un second dictateur chargé d'une seule [4] des fonctions diverses que pouvait remplir ce magistrat, fut absolument illégale. Le dictateur nommé dans ces conditions fut M. Fabius Buteo ; il reconnut lui-même l'irrégularité de sa nomination, mais comme il avait été nommé et investi de l'*imperium*, il remplit la mission qu'on lui avait confiée ; il dressa la liste du sénat, en apportant dans cette opération la plus grande modération ; en vertu du principe *magistratus vitio creatus nihilo setius magistratus* personne ne discuta la légalité de ce qu'il avait fait. Comme le dictateur réunissait l'*imperium* des deux consuls [5], il se faisait précéder de vingt-quatre licteurs en campagne [6] ; à Rome il n'en avait que douze comme les anciens rois [7], mais les gardait pendant toute la durée de sa magistrature, tandis que le consul ne pouvait les avoir qu'un mois sur deux. Les autres magistrats perdaient donc leur *imperium* ; leurs pouvoirs étaient suspendus ; la seule *potestas* qui subsistât était celle des tribuns du peuple et celle du maître de la cavalerie, nommé d'ailleurs par le dictateur. Quand on établit la dictature il n'y avait d'autres magistrats que les consuls ; plus tard, quand on en eut établi d'autres, ces derniers virent aussi leurs pouvoirs (*potestas et imperium*) suspendus comme ceux des consuls [8]. Ils ne perdirent pas leurs titres, puisque après la retraite du dictateur, ils reprenaient l'exercice de leurs fonctions [9] et tous leurs pouvoirs ; mais pendant la dictature ils devaient obéir [10] et ne pouvaient faire aucun usage de leurs pouvoirs [11]. Aussi on ne peut appeler les consuls les collègues du dictateur, *collegæ dictatoris*. Mommsen qui a imaginé à ce sujet toute une théorie politique [12], est obligé de reconnaître que les consuls ne portent jamais ce titre. Les magistrats devaient aussi renoncer à leurs insignes, par exemple ils devaient renvoyer leurs licteurs [13]. Ils n'étaient pas réduits à

[1] Liv., 9, 38. 39.
[2] Dio C., 42, 21.
[3] Liv., 5, 46. 22, 14. Zon., 7, 23. Plut., *Cam.*, 24. 25. Val. Max., 4, 1, 2 ; cf. Dion., 13, 6.
[4] Liv., 23, 22. 23.
[5] Cic., *de leg.*, 3, 3, 9 « œnus-idem juris quod duo consules teneto ».
[6] Polyb., 3, 87. Dion., 10, 24. Plut., *Fab.*, 4. App., *b. c.*, 1, 100. Dio C., 54, 1. cf. Liv., *ep.*, 89.
[7] Lyd., *de mag.*, 1, 37 ; cf. Liv., 2, 18. *ep.*, 89. Dion., 5, 75.
[8] Liv., 2, 18.
[9] Liv., 4, 29. 22, 31. App., *B. Hann.*, 16 ; cf. Liv., 9, 7.
[10] Cf. Liv., 8, 32. 30, 24. 5, 9, 7.
[11] Polyb., 3, 87. App., *B. Hann*, 12. Plut. *Ant.*, 8. *qu. Rom.*, 81. Dion., 5, 70. 11, 20.
[12] Voir tome I, page 127.
[13] Liv., 22, 11. Plut., *Fab.*, 4.

l'inaction, mais ne pouvaient agir que d'après les ordres du dictateur,
sous ses auspices [1], et non *pro magistratu*. Le dictateur pouvait
même le forcer à abdiquer [2]. Les rapports du dictateur avec les autres
magistrats étaient donc les mêmes que ceux qui existent entre un
roi et ses sujets. Sans doute, en temps ordinaire, les consuls pouvaient
aussi donner des ordres aux autres magistrats, leur défendre telle ou
telle chose ; mais ces magistrats n'en avaient pas moins des pouvoirs
propres ; jusqu'à un certain point, les préteurs par exemple avaient
une autorité (*imperium*) distincte : aussi ils pouvaient faire acte de
magistrat sans l'autorisation des consuls. Quant aux tribuns du
peuple ils gardaient tout leur pouvoir (*potestas*) pendant la dictature [3] ; la loi sacrée était formelle : le tribunat de la plèbe ne devait
jamais être suspendu.

On s'est demandé si le dictateur rendait la justice. Pour répondre
il faut distinguer les deux périodes qui ont suivi et précédé l'établissement de la préture. Quand il y eut des préteurs, le dictateur
n'eut pas le droit de juger les particuliers (*jurisdictio inter privatos*),
puisque les consuls, qu'il remplaçait, n'avaient pas ce droit ; il va
sans dire cependant qu'il pouvait trancher les différends de ceux qui
s'adressaient directement à lui [4]. Avant la préture il pouvait juger,
puisque les consuls étaient alors les seuls juges ; mais comme ils
étaient nommés pour gouverner ou pour combattre (*rei gerundæ
causa*), ils n'avaient guère le loisir de s'occuper de la justice ; ils
n'exerçaient guère que la juridiction militaire, *jurisdictio cas-
trensis*.

N'ayant pas à craindre l'opposition d'un collègue, le dictateur
jouissait d'une liberté beaucoup plus grande que les consuls ; de plus
on ne pouvait exercer contre lui le droit d'appel, *provocatio*. Il
conserva ce privilège même après la loi Valéria Horatia de 449 [5],
malgré l'opposition des plébéiens ; la loi Valéria, en effet, défendait
d'établir à l'avenir des magistratures qui ne seraient pas soumises à
l'appel, mais elle n'annulait pas la disposition de la loi de dictatore
creando qui affranchissait le dictateur de la *provocatio*. Ses licteurs
portaient la hache dans la ville, même au milieu des faisceaux [6].
Plus tard, cependant, la dictature fut soumise à l'appel ; on peut
supposer qu'elle subit cette transformation peu de temps avant de
disparaître, en vertu de la loi Valeria de provocatione de 300 ; on
aurait alors supprimé dans la loi curiate les mots *ut optima lege* [7].

L'*imperium* du dictateur était-il limité par l'action des tribuns de

<hr>

[1] Liv., 4, 41 ; cf. 2. 30.
[2] Liv., 3, 29. 5, 9, 6.
[3] Polyb., 3, 87. Plut., *Fab.*, 9. *qu. Rom.*, 81.
[4] Liv., 41, 9.
[5] Il l'avait certainement avant : Liv., 2. 18. 2, 29. 3, 20. Dion., 5, 75. 6, 58.
Il l'eut aussi après : Liv., 4, 13. 6, 16. 7, 4. 8, 33. 35. cf. 9, 26. Sur la loi
Valeria Horatia, voir tome I, page 186. On cite un cas d'appel contre un
dictateur : le maître de la cavalerie Q. Fabius Rullianus fit appel au peuple
sur un jugement formulé par son dictateur L. Papirius Cursor. L'appel était
illégal (voir tome I, page 308), on se contenta de faire une enquête,
d'examiner l'affaire, les comices ne se prononcèrent pas.
[6] Liv., 2, 18. Dion., 5, 75.
[7] Fest., p. 198. cf. Liv., 9, 34.

la plèbe? ces derniers pouvaient-ils faire usage de leur droit d'intercession? D'abord les tribuns étaient sacrés et inviolables (*sacrosancti, inviolati*); le dictateur n'avait donc pas le droit de les poursuivre, de les faire arrêter, leurs personnes lui échappaient complètement. Mais on ne peut pas admettre qu'il fût permis aux tribuns de faire usage de leur droit d'intercession [1] pour soustraire d'autres citoyens à l'action du dictateur ; ce dernier écartait leur intervention au nom de la loi de dictatore creando qui ne connaissait pas l'opposition tribunitienne, la dictature ayant été établie avant le tribunat. Le dictateur avait le droit de ne tenir aucun compte de cette opposition, et en agissant ainsi, il conservait à sa magistrature son caractère particulier [2] ; les tribuns, du reste, l'admettaient aussi : ils considéraient leur intervention (*auxilium*) comme précaire et non légale, *precarium, non justum* [3]. Les tribuns par exemple n'avaient aucun droit d'intervenir pour empêcher des levées de troupes ordonnées par le dictateur [4]. Quand leur opposition se produit [5], elle n'a pas de conséquence légale, elle n'a que la valeur morale d'une démonstration hostile.

Enfin le dictateur n'était pas responsable, il ne devait pas rendre de compte (ἀνυπεύθυνος) [6], on ne pouvait le mettre en accusation. Ce principe de droit politique, ce privilège des dictateurs a toujours été respecté. On a parlé de condamnations prononcées contre Camille, de menaces dirigées par les tribuns contre L. Manlius ; les faits ne sont pas établis et paraissent tout à fait invraisemblables; d'ailleurs si Camille fut condamné, ce fut après sa dictature et non pour des faits de sa dictature [7] ; on n'a pas pu prouver que les tribuns menacèrent alors de le punir [8], comme on n'a pas pu fournir les preuves d'une accusation de lèse-majesté dirigée contre L. Manlius. On comprend quelle force donnait au dictateur le privilège de ne rendre de comptes à personne, ni au sénat ni au peuple ; ses pouvoirs étaient par là bien supérieurs à ceux des consuls qui devaient compte de leur administration à la fois au sénat et au peuple, et pouvaient être mis en accusation.

On a eu raison de dire que l'édit du dictateur, *edictum dictatoris* [9], avait la valeur d'un *numen*, devait être considéré *pro numine*. Mais il faut reconnaître aussi qu'il y avait un sérieux danger pour la liberté républicaine à sauver l'état par un moyen pareil ; le dictateur, tout fier d'exercer le pouvoir royal, ne devait-il pas être tenté de se perpétuer au pouvoir et de rester le monarque de l'État? On avait, pour lui éviter cette tentation, limité la durée de ses fonctions

---

[1] S'ils ne pouvaient pas faire usage de leur droit, ils le conservaient du moins et en reprenaient l'exercice, aussitôt que le dictateur s'était retiré : Liv., 6, 38.

[2] Liv., 8, 34.

[3] Liv., 8, 35. cf. 3, 29. 6, 16. 38. Zon., 7, 13. 15.

[4] Liv., 6, 28.

[5] Liv., 7, 3. 21. 9, 26. 27, 6, 5.

[6] Dion.. 5, 70. 7, 56. Zon., 7, 13. App. *b. c.*, 2, 23.

[7] Liv., 5, 32.

[8] Liv., 6, 38.

[9] Liv., 8, 34.

par une loi; il ne devait pas rester en charge plus de six mois [1]. S'il dépassait ce terme, il commettait le crime d'aspirer à la royauté, *crimen affectati regni*, qui était considéré comme un sacrilège et entraînait la consécration aux dieux de la tête et des biens du coupable [2]; si cette sanction religieuse n'était pas contenue dans la loi de dictatore creando, elle était formellement imposée par la cinquième loi Valéria *de sacrando cum bonis capite ejus, qui regni occupandi consilia inisset* [3]. Mommsen a prétendu en outre que le dictateur devait renoncer à sa charge au moment même où finissaient les pouvoirs du consul qui l'avait nommé; cette théorie est fausse au moins pour la période pendant laquelle la dictature conserva son caractère primitif. Ainsi, en 317, les consuls remirent leur armée non pas aux consuls de l'année suivante, mais au dictateur qui avait été nommé à la fin de l'année, *exitu anni*, et ce dictateur dirigea la guerre pendant l'année 316 [4]. Il ne pouvait pas en être autrement à une époque où l'année consulaire finissait aux kalendes de juillet [5], par conséquent au moment le plus favorable de l'année pour faire campagne. Enfin, pour éviter l'inconvénient signalé plus haut, on avait grand soin de choisir pour la dictature les citoyens les plus honnêtes [6]; peut-être aussi les dictateurs étaient retenus par la crainte de s'exposer aux rigueurs de la censure [7]. Grâce à ces précautions, la république n'eut presque jamais à se plaindre des dictateurs; plusieurs même s'empressèrent d'abdiquer leurs pouvoirs quelques jours après leur entrée en charge, quand ils eurent conjuré les dangers qui menaçaient l'État [8]. Camille seul conserva la dictature pendant plus de six mois [9]; il ne faut attacher aucune importance au témoignage des Fastes consulaires qui n'ayant pas pu indiquer de consuls pour les quatre années 333, 324, 309 et 301 ont mentionné des dictatures qui auraient duré toute l'année; les auteurs auraient

---

[1] Cic., *de leg.*, 3, 3, 9. Dio C., 36, 17. Liv., 3, 29. 9, 34. 23, 22-23. Dion., 5, 70.

[2] *Dig.*, 1, 2, 2, 18 : *hunc magistratum non erat fas ultra sextum mensem retinere.*

[3] Voir tome 1, page 125.

[4] Liv., 9, 24. L'exemple de Camille qui abdiqua *anno circumacto* (Liv., 6, 1, 4), n'est pas un argument en faveur de la thèse de Mommsen; Camille avait été nommé dictateur, si l'on en croit la tradition, peu de temps après la bataille de l'Allia qui eut lieu le 13 des kalendes d'août; par conséquent, quand les tribuns consulaires sortirent de charge, la veille des kalendes de juillet, Camille était dictateur depuis plus de six mois.

[5] La date de l'entrée en fonction des consuls a souvent varié; on n'avait pas pu prendre une date fixe, parce qu'il pouvait se présenter des interrègnes, des annulations d'élections, alors l'année commençait du jour de l'entrée en fonction des nouveaux consuls et se prolongeait jusqu'à la date correspondante de l'année suivante. Ainsi, en 493, à la suite de la retraite du peuple, l'année consulaire commença aux kalendes de septembre; en 483, par suite d'un interrègne, elle commença aux ides (du même mois de septembre). En 449, les consuls qui remplacèrent les décemvirs, prirent leurs fonctions le IV des ides de décembre. En 391, l'année consulaire commença aux kalendes de juillet et il en fut ainsi pendant longtemps. On ne fixa définitivement l'ouverture de l'année consulaire aux kalendes de janvier qu'en 153. [N. D. T.].

[6] Liv., 2, 30. cf. 23, 22.

[7] Liv., 4, 29.

[8] Liv., 3, 29. 4, 47. 6, 29. 9, 18. Dion., 10, 25. 11, 20. 14, 7.

[9] Liv., 6, 1. Plut., *Cam.*, 44.

dû ajouter ces quatre années aux cinq autres en face desquelles ils ont placé la mention : *solitudo magistratuum* [1]. Les pouvoirs du dictateur ne pouvaient être prorogés; sa magistrature était essentiellement temporaire; le seul exemple que l'on puisse citer d'une dictature prolongée est celui de Camille [2]. Il n'y eut donc jamais de prodictateurs, *prodictatores prorogato imperio*. L'expression *pro dictatore* exprimant un sens analogue à celui de *pro consule* est cependant employée une fois par les historiens qui ont raconté les événements de 217 ; à cette date on fut obligé de nommer un dictateur, mais on ne pouvait pas s'adresser à des consuls ; comme on n'avait plus les scrupules d'autrefois sur le respect des formes constitutionnelles, on fit élire le dictateur par le peuple ; l'élu, Q. Fabius Maximus fut investi des pouvoirs dictatoriaux [3]. Cette désignation était tout à fait nouvelle; il paraît que Q. Fabius Maximus se donna lui-même officiellement le titre de dictateur [4].

Les pouvoirs que nous venons d'énumérer, tous les dictateurs les possédaient, quelles que fussent les raisons particulières pour lesquelles ils avaient été nommés [5]. Dans les Annales et dans les Fastes, on mentionne toujours la raison d'être de chaque dictature; on en conclut que le dictateur était tenu moralement à ne pas sortir du cercle d'action où on avait eu l'intention de l'enfermer; quand il avait rempli sa mission, il ne lui restait plus qu'à remettre ses pouvoirs. Nous ne parlons pas ici bien entendu des dictateurs nommés pour sauver l'État, *rei gerundæ* [6], *belli gerundi causâ* [7]. Ainsi, le dictateur nommé *clavi figendi causa* [8] abdiquait quand il avait fixé, aux ides de septembre, dans la paroi du temple de Minerve au Capitole, le clou qui marquait l'année écoulée. Mais s'il lui prenait la fantaisie de garder son titre de dictateur, rien ne pouvait l'obliger à se retirer [9]. Il en était de même des dictateurs *ludorum faciendorum causa* [10], *feriarum constituendarum causa* [11], *feriarum latinarum causa* [12]; on les nommait pour remplacer les consuls absents, la loi exigeant que ces diverses cérémonies fussent présidées par un magistrat supérieur (*prætor maximus*) [13]. Etait dans le même cas, le dictateur nommé à la fin d'une année pour présider les comices,

---

[1]) Ces cinq années furent les années 375 à 371 ; voir tome 1, page 222. Dans son tableau des *Fastes consulaires* (*Manuel des institutions romaines*), M. Bouché-Leclercq n'indique aucun magistrat, ni dictateur, ni maître de la cavalerie pour les années 333, 324, 309 et 301 [N. D. T.].

[2]) Encore pour le faire, faut-il admettre que les faits rapportés par la tradition sont exacts ; voir à la page précédente la note 4.

[3]) Liv., 22, 8. 34. Lyd., *mag.*, 4, 38.

[4]) Polyb., 3, 87. I. L. A., p. 288.

[5]) Cf. Liv., 7, 3. 9, 26. 30, 34.

[6]) Le plus souvent, on emploie l'expression : *seditionis sedandæ et rei gerundæ causa* : Fast. Capit., 386. I. L. A., p. 430.

[7]) Liv., 8, 40.

[8]) Liv., 7, 3. Dans ce passage, il faut lire avec Unger *intermisso tempore*. 8, 18. 9, 28. 34. Cf Fest.. *cp.* 56.

[9]) Liv., 7, 3. Cic.. *de off.*, 3, 21, 112. cf. Liv., 9, 26. 34. '

[10]) Liv., 27, 33. 8, 40. 9, 34.

[11]) Liv., 7, 28.

[12]) Fast. Capitol., 497. I. L. A. p. 434.

[13]) Liv., 7, 3, Fest., p. 264.

comitiorum habendorum causa [1], c'est-à-dire *interregnivitandi causa* [2]; il était admis qu'il se retirait après l'élection du nouveau magistrat [3]. Nous avons dit plus haut qu'en 216 il y eut deux dictateurs; l'un d'eux, le seul que l'on connaisse de ce genre, Buteo [4], fut nommé *senatus legendi causa* [5]; il est dit formellement qu'il pouvait rester pendant six mois; mais en s'appuyant sur une déclaration que Tite-Live prête à ce dernier dictateur, on peut presque affirmer que les six mois réglementaires de la dictature n'étaient jamais accordés à ces dictateurs de circonstance; un article particulier inséré dans la loi curiate de imperio les obligeait d'abdiquer après avoir rempli leur mission. Remarquons enfin que pour indiquer l'objet d'une dictature, les auteurs n'emploient jamais le cas du datif; Tite-Live parle d'un dictateur *quæstionibus exercendis* [6]; il semble que ce dictateur devait être un dictateur *rei gerundæ causa* [7].

A propos de la loi curiate de imperio, il faut expliquer pourquoi le dictateur était obligé de demander la permission de monter à cheval, *ut œquum escendere liceret* [8]. On le considérait comme le chef du peuple, *magister populi*, et sur le champ de bataille il devait commander l'infanterie pendant que son maître de la cavalerie dirigeait la cavalerie : il lui fallait donc demander une autorisation particulière pour monter à cheval. Il est probable que les anciens rois se trouvaient dans la même situation; la loi curiate qui leur conférait l'autorité, devait renfermer une formule identique que l'on avait fait disparaître dans la loi curiate qui conférait aux consuls leurs pouvoirs, mais que l'on avait rétablie dans celle des dictateurs, parce que l'autorité de ces derniers ressemblait beaucoup plus à celle des anciens rois. Le fait est bien établi, nous comprenons alors pourquoi on offrit des chevaux de combat à L. Quinctius Cincinnatus quand il fut nommé dictateur [9]. Nous comprenons aussi pour quels motifs le roi était tenu à demander la permission de monter à cheval: le roi était le chef de la religion, le grand prêtre; or, les règlements de la religion romaine défendaient au grand prêtre de monter à cheval; la même défense fut faite au Flamine de Jupiter [10], qui hérita des fonctions religieuses du roi; par conséquent, quand le roi était appelé à exercer le commandement militaire, il avait besoin d'une autorisation spéciale qui lui permît de se soustraire à cette obligation religieuse.

La décadence de la dictature commença du moment où l'on prit l'habitude d'établir des dictatures particulières; en 363, pour la

[1] Liv., 7, 22. 24. 26. 8, 16. 23. 9, 7. 44; cf. 7, 9. 4. 3, 20, 8.
[2] Fast. Capit., 537. I. L. A., p. 435.
[3] Liv., 7, 22. 30, 39, 5.
[4] Liv., 23, 22. 23.
[5] Fast. Capit., 538. I. L. A., p. 435.
[6] Liv., 9, 26.
[7] Fast. Capit., 440. I. L. A., p. 432.
[8] Zon., 7, 13. Liv., 23, 14. Plut., *Fab.*, 4.
[9] Dion., 10, 24; cf. Prop., 3, 4, 8.
[10] Gell., 10, 15, 3.

première fois, on nomma un dictateur *clavi figendi causa*. En 352[1], les patriciens, qui essayaient de tourner la loi licinienne, nommèrent un dictateur qui fut chargé uniquement de présider les comices et de rendre les élections, par tous les moyens possibles, favorables à leur parti[2]. Dans la suite, les guerres se multiplièrent, l'administration devint très compliquée : les deux consuls ne purent suffire à tout, commander les armées et remplir leurs fonctions urbaines ; à partir du cinquième siècle on nomma très souvent des dictateurs pour accomplir certains actes de la compétence des consuls, que ne pouvait remplacer le préteur[3]. Enfin on nomma même à plusieurs reprises des dictateurs *rei gerundæ causa* pour augmenter le nombre des généraux commandant en chef ; le fait se produisit surtout pendant la guerre samnite ; mais dans ce cas le dictateur devait laisser aux consuls une certaine indépendance, la liberté de diriger les opérations militaires de leur armée comme ils l'entendaient ; on s'habitua ainsi peu à peu à voir les consuls conserver une certaine indépendance à la guerre et dans l'administration en face du dictateur[4].

Quand les discussions civiles furent apaisées, quand les guerres de la république furent constamment heureuses, la dictature (*rei gerundæ causa*) devint inutile. On comprit bien vite combien elle serait dangereuse : un dictateur aurait pu disposer de provinces très étendues, commander à un très grand nombre de généraux, diriger de grandes expéditions au profit de son ambition personnelle. On prit le parti d'y renoncer ; on pourvut aux nécessités du commandement en augmentant le nombre des préteurs, en prorogeant les pouvoirs des consuls et des préteurs. C'était le sénat qui prorogeait les pouvoirs des magistrats et décidait l'établissement d'une dictature ; il préféra toujours la première mesure à la seconde pour des raisons indépendantes des intérêts de l'État ; en agissant ainsi il favorisait la noblesse, parce qu'il multipliait les commandements ; surtout, il fortifiait ses droits politiques : le sénat conservait une autorité considérable sur les proconsuls et les propréteurs, tandis qu'un dictateur aurait pu tout régler à sa fantaisie sans l'intervention du sénat. Ainsi s'accentua peu à peu la décadence de la dictature pendant les guerres samnites et puniques. La noblesse imagina encore le prétexte suivant pour affaiblir l'institution ; de même que le dictateur ne pouvait pas être pour des motifs religieux nommé légalement (*rite*) en dehors de l'Italie[5], il ne pouvait pas non plus exercer ses pouvoirs, ni commander d'armée[6] en dehors de l'*ager romanus*. S'il n'y avait eu à cela qu'un obstacle religieux, la noblesse l'aurait fait disparaître ; il suffisait de prolonger l'*ager romanus* en dehors de l'Italie. Nous connaissons un dictateur, A. Atilius Calatinus, qui pendant la première guerre punique, en 249, commanda une armée en dehors de l'Italie[7] ; le fait a été signalé parce qu'il est

---

[1]) Liv., 7, 22.
[2]) Cf. Liv., 7, 21.
[3]) Liv., 8, 40.
[4]) Cf. Liv., 23, 22.
[5]) Liv., 27, 5. Dio C., 42, 21.
[6]) Dio C., 36, 17. 42, 21.
[7]) Liv., *ep.*, 19. Dio C., 36, 34 B.

unique, mais la tradition ne le considère pas comme illégal. Le dernier dictateur *rei gerundæ causa* fut M. Junius Pera, nommé en 216 après la défaite de Cannes [1]. On continua encore quelque temps à nommer des dictateurs chargés de fonctions urbaines ; il n'y avait là aucun danger. En 203, le sénat fit présider les comices par un dictateur, pour triompher de l'opposition des consuls ; ce dictateur fut aussi chargé d'une autre fonction de peu d'importance [2] ; en 202, C. Servilius Geminus [3] fut désigné pour présider les comices, il fut le dernier dictateur. On renonça aux dictateurs parce que d'abord ils étaient devenus inutiles ; les généraux étant suffisamment nombreux, les consuls pouvaient, sans inconvénient, quitter le théâtre des opérations militaires pour venir à Rome remplir leurs fonctions ; d'autre part, ces dictatures particulières rappelaient le souvenir de la grande dictature et pouvaient donner l'idée de la rétablir. D'ailleurs l'Etat n'était pas garanti contre les usurpations des dictateurs particuliers [4] ; on n'était pas armé pour les arrêter s'il leur prenait fantaisie de sortir de leurs attributions particulières ; on n'avait non plus aucune arme législative pour corriger les choix faits par les consuls. Ainsi en 249, pour se moquer du sénat, P. Claudius Pulcher avait nommé dictateur son viateur, M. Claudius Glicia [5] ; cette nomination ridicule avait dégoûté la noblesse de l'institution. Créée par l'aristocratie patricienne, la dictature fut enterrée non par la démocratie, mais par l'oligarchie de la noblesse [6]. Elle ne fut pas supprimée par une loi, on la mit de côté, on la relégua parmi les institutions surannées, on pourrait y revenir dans la suite [7].

Cent vingt ans plus tard, Sylla prit le titre de dictateur [8]; mais la dictature de Sylla et les diverses dictatures de César n'ont rien de commun avec l'ancienne dictature républicaine. Sylla et César s'intitulèrent dictateurs, parce que c'était le seul moyen de donner une apparence de légalité à leur pouvoir antirépublicain, monarchique et tyrannique [9]. Aussi ils ne tinrent aucun compte des dispositions de la loi de dictatore creando ; ils prolongèrent leurs pouvoirs au delà de six mois [10] ; Sylla se fit nommer par un interroi [11], César, lors de sa première dictature, par un préteur [12]. La suppression de la dictature après l'assassinat de César, par la loi *Antonia de dictatura tollenda* [13] fut une protestation inutile et hypocrite contre la monarchie. A ce moment, la monarchie n'avait plus besoin de la dictature [14], comme

---

[1] Liv., 22, 57. 23, 14.
[2] Liv., 30, 24.
[3] Liv., 30, 39.
[4] Liv., 9, 34.
[5] Liv., *ep.*, 19. Suet., *Tib.*, 2.
[6] Cf. Vell., 2, 28.
[7] Liv., 41, 9. Cic., *Rab. post.*, 6, 14. *Lex inc. tab. Bant.* Z. 15. *Lex Acil. rep.* Z. 8.
[8] App., *b. c.*, 1, 98. Plut., *Sull.*, 33. Vell., 2, 28. Voir tome II, pages 162 et seq.
[9] Cic., *de leg.*, 1, 15. *de leg agr.*, 3, 2.
[10] Cf. Dio C., 42, 21.
[11] Cf. Cic., *ad Att.*, 9, 15, 2 et Dion., 11, 20.
[12] Cæs., *b. c.*, 2, 21. Dio C., 41, 36.
[13] Dio C., 44, 51. Liv., *ep.*, 116. Cic., *Phil.*, 1, 1. 5, 4, 10.
[14] Dio C., 54, 1.

on le croyait, ou plutôt comme on affectait de le croire; elle pouvait s'établir sur les ruines des institutions républicaines.

De tout temps et sous toutes ses formes [1] la dictature fut accompagnée d'une autre magistrature, celle du maître de la cavalerie, *magister equitum*, ἵππαρχος; le maître de la cavalerie était indispensable, quand il mourait on le remplaçait immédiatement par un *suffectus* [2]. On cite cependant trois dictateurs qui ne prirent pas de maître de la cavalerie : M. Fabius Buteo, nommé pour dresser la liste du sénat (*senatus legendi causa*), M. Claudius Glicia qui, incapable, dut donner immédiatement sa démission, et César, lors de sa première dictature [3]. Le dictateur le choisissait lui-même quand il avait pris possession de la puissance (*potestas*) dictatoriale, avant le vote de la loi curiate de imperio [4]. La loi curiate faisait mention du maître de la cavalerie, non pour lui conférer une autorité (*imperium*) indépendante, mais pour lui donner les droits des magistrats inférieurs [5]; il était en effet un magistrat inférieur par rapport au dictateur. Quoi qu'en dise Tite-Live qui parle de l'*imperium* du maître de la cavalerie, le considère comme supérieur à celui des tribuns consulaires [6], et lui donne le titre d'*imperator* [7], le maître de la cavalerie n'avait pas d'*imperium* propre. S'il en avait été autrement, le dictateur n'aurait plus eu l'unité de commandement, qui était le caractère essentiel de sa magistrature ; d'ailleurs la théorie que nous soutenons est confirmée par tout ce que nous savons sur les relations qui ont existé entre ces deux magistrats. Sans doute à l'époque de César, le maître de la cavalerie avait des licteurs, — sans doute six, comme les préteurs gouverneurs de province [8] —; mais cela ne prouve rien pour l'ancienne dictature républicaine, pas plus que le glaive que porta Antoine à Rome quand il fut maître de la cavalerie pendant la seconde dictature de César; du reste, vers la fin de la république, les questeurs et les légats pouvaient aussi avoir des licteurs avec la permission des gouverneurs [9]. Le dictateur devait être juge de la chose, lui seul avait le droit d'autoriser son maître de cavalerie à se faire précéder de licteurs [10], et il devait lui accorder ce privilège quand il le chargeait de commander à sa place en cas d'absence. Dans les derniers temps de la dictature, en 217, il se présenta un cas bizarre ; on vota d'abord un plébiscite, *plebiscitum Metilium de æquando magistri equitum et dictatoris jure* [11] (remarquez le mot *jure*, on ne dit pas *imperio*) ; puis on conféra les mêmes pouvoirs au maître de la cavalerie M. Minucius Rufus et à son

---

[1] Dion., 5, 75. Le pro dictateur Q. Fabius Maximus en nomma un : Liv, 22, 8. Lyd., *mag.*, 1, 38.
[2] Liv., 9, 23.
[3] Liv., 23, 22. 23. Fast. Capit., ad ann., 505. 705. l. L. A., p., 434. 440.
[4] Liv., 9, 38. 22, 57; cf. avec 23, 14. Plut., *Fab.*, 4.
[5] Gell., 13, 15, 4.
[6] Liv., 6, 39.
[7] Liv., 8, 33.
[8] Dio C., 42, 27. 43, 48. Lyd., *mag.*, 2, 19.
[9] Cic., *Planc.*, 41, 98. *Fam,*, 12, 21.
[10] Dio C., 43, 48.
[11] Liv., 22, 25. Cf. Cic., *de leg.*, 3, 3, 9.

dictateur, Q. Fabius Maximus : le maître de cavalerie eut donc la même autorité que le dictateur [1], et fut en quelque sorte un second dictateur [2]. Il ne faut attacher aucune importance à cette procédure exceptionnelle ; d'ailleurs, le dictateur n'avait pas été nommé d'après les règles ordinaires ; il n'avait pas été désigné par un consul, mais par un vote populaire ; Rufus n'avait pas été non plus choisi par le dictateur, mais élu par le peuple maître de la cavalerie [3].

Le maître de la cavalerie était, par rapport au dictateur, dans la même situation que les consuls dont les pouvoirs étaient suspendus ; il devait lui obéir d'une façon absolue [4], le dictateur pouvait exercer sur lui son droit de vie ou de mort, *jus vitæ necisque* [5].

La comparaison avec les consuls n'est cependant pas tout à fait exacte : il n'était pas simplement un serviteur du dictateur [6], il avait un pouvoir, *potestas*, particulier qu'il devait conserver pendant la durée de la dictature. En vertu de cette *potestas* il pouvait donner des ordres, faire acte de magistrat, *pro magistratu*, sans l'autorisation formelle du dictateur [7] ; il pouvait, par exemple, commander aux consuls [8]. On ne pouvait lui enlever ce pouvoir que par une démission, mais il ne devait pas la refuser au dictateur [9]. En vertu de son *imperium*, le dictateur pouvait lui interdire toute fonction, le suspendre [10], mais le fait se présenta rarement. Il faut donc considérer le *magister equitum* comme un *magistratus extraordinarius* [11], investi d'un pouvoir (*potestas*) particulier, probablement un pouvoir consulaire [12] donné par la loi *de dictatore creando*. Il est donc un collègue du dictateur, mais placé sous ses ordres [13], il n'a pas d'*imperium*, il n'a pas le droit d'intercession [14] qui ne peut être exercé que par un magistrat investi d'un pouvoir égal ou supérieur *par* ou *major potestas* (on excepte les tribuns). Il rappelle le *tribunus celerum* des rois, mais il en diffère ; le *tribunus celerum* n'avait pas de pouvoir propre, il était seulement le serviteur du roi. Nous ne pouvons pas dire si le maître de cavalerie avait la robe prétexte et la chaise curule [15] ; nous ne savons pas non plus si on le mettait sur le même pied que les tribuns consulaires plébéiens [16] ou que le

[1] Liv., 22, 26, 7 *æquato imperio*. Cf l'Elogium, I. L. A., p. 283, *quojus populus imperium cum dictatoris imperio œquaverat*.

[2] Liv., 22, 25. 26. 27. 28, 40. Polyb., 3, 103. 106. App., *B. Hann.*, 12. Plut., *Fab.*, 9. Dio C., *fr.* 57, 17. 20 B. Zon., 8, 26. Val. Max., 3, 8, 2. 5, 2 4. Aurel. Vict., *Vir. ill.*, 43. I. L. A., p. 288. 556.

[3] Liv., 22, 8.

[4] Liv., 8, 30. 34. 22, 18.

[5] Liv., 8, 32. Plut., *Fab.*, 9.

[6] Liv., 8, 31.

[7] Liv., 8, 36.

[8] Dio C., 42, 21.

[9] Liv., 4, 34. 9, 26.

[10] Liv., 8, 36.

[11] *Dig.*, 1, 2, 2, 19.

[12] Liv., 23, 11.

[13] Plut., *Ant.*, 8. Cf. Polyb., 3, 90. 92.

[14] Liv., 2, 18.

[15] Nous n'avons de témoignages que pour Antoine, mag. eq. de César, voyez Dio C., 42, 27. Le passage de Liv., 30, 39 ne prouve pas qu'ils n'avaient pas ces avantages.

[16] Liv., 6, 39.

préteur [1], ce dernier étant considéré comme le *minor collega* des consuls. Mommsen a prétendu que le *magister equitum* n'avait rien de commun avec le *tribunus celerum* des rois [2]; mais Mommsen a été amené à cette conclusion par une hypothèse erronée; il croit à l'existence de trois tribuns des célères, voilà pourquoi il s'est donné bien inutilement tant de peine pour expliquer la magistrature du *magister equitum* qui est restée pour lui une énigme.

Le magister equitum avait certainement les auspices [3], et probablement les *auspicia majora* : ils étaient, par rapport à ceux du dictateur comme ceux du préteur par rapport aux auspices consulaires. Il pouvait, par conséquent, commander en chef, faire la guerre toutes les fois qu'une défense formelle du dictateur n'était pas intervenue; il pouvait convoquer le sénat, *jus senatum consulendi* [4], les comices curiates et tributes, *jus cum populo agendi* [5]; mais il n'avait pas le droit de convoquer les centuries, parce que pour cela il fallait avoir l'*imperium*. En général, quand il n'y avait pas d'empêchement légal, le magister equitum remplaçait le dictateur absent ou empêché [6]; Cicéron le compare au preteur urbain qui remplaçait de même les consuls [7]. Le dictateur lui confiait un commandement spécial, par exemple le soin de lever une nouvelle armée [8]; on sait que les consuls confiaient les mêmes fonctions aux tribuns militaires; il pouvait lui confier la direction de procès criminels [9], à l'imitation des consuls des premiers temps de la république qui en chargeaient les *quæstores parricidii*; mais il ne pouvait pas l'investir de l'*imperium*. Enfin son attribution spéciale était le commandement de la cavalerie et des *accensi* [10], c'est-à-dire de toute l'armée à l'exception de la phalange de fantassins réservée au dictateur en qualité de *magister populi*. De là son titre de *magister equitum* qui lui fut conservé même à l'époque où il n'était plus possible de réunir toute la cavalerie sous la main d'un chef unique. Quant au titre de *tribunus celerum* on n'avait pas plus songé à le lui donner qu'à désigner le dictateur sous le nom de roi; d'ailleurs, on ne désigna la cavalerie sous le nom de *célères* qu'à l'époque où elle fut exclusivement composée de centuries patriciennes.

[1]) Cic., *de leg.*, 3, 3. 9.

[2]) Mommsen s'appuie sur le témoignage de Dion., 2, 64. 2, 7. 6, 13. Denys d'Halicarnasse dit qu'il y avait plusieurs *tribuni celerum* ἡγεμόνες τῶν κελερίων; il y avait trois tribus; chacune devait fournir un contingent d'infanterie de mille hommes, chaque contingent était commandé par un tribun militaire, *tribunus militum* : il y avait donc trois *tribuni militum*. Chaque tribu fournissait cent cavaliers, mais les trois cents cavaliers n'avaient qu'un seul chef, le *tribunus celerum*, et non pas trois. Il avait le commandement le plus important, et venait immédiatement après le roi. [N. D. T.].

[3]) Liv., 8, 31. 33.

[4]) Cf. Liv., 8, 33. 23, 24.

[5]) Cic., *de leg.*. 3, 4, 10. On ne peut pas conclure du passage 14, 7 de Gell. que Varro ait été d'un avis différent.

[6]) Polyb., 3, 87. Plut., *Ant.*, 8.

[7]) Cic., *de leg.*, 3, 3, 9.

[8]) Liv., 4, 27. 22, 11.

[9]) Liv.. 9, 26, 12.

[10]) Varr.. *l. lat.*, 5, 82. Cic., *de leg.*, 3, 3, 9. Liv., 3, 27. 6, 12. 29. 8, 35. 9, 22. Dion., 6, 4.

Le dictateur était obligé de prendre un maître de la cavalerie : cette obligation était la même qui obligeait le roi, dont il tenait la place, à nommer un *tribunus celerum* ; puis le dictateur pouvait avoir besoin de se faire remplacer dans l'exercice de certaines fonctions : or, il ne devait pas compter sur les consuls que l'on avait jugés incapables ou peu fidèles ; il fallait donc qu'il pût se faire remplacer par un magistrat partageant ses vues et capable de les faire aboutir (*ad voluntatis interpretationem*) [1], voilà pourquoi il le choisissait lui-même. L'acte de nomination est désigné sous les différents noms de *dicere, legere* [2], *creare* [3], *nominare* [4], *cooptare* [5] ; la désignation avait lieu *silentio* [6], le dictateur ne devait choisir que parmi les consulaires. Mais en fait, cette prescription fut souvent violée ; dès 494, on nomma Q. Servilius Priscus, en 458 L. Tarquilius [7] ; après les lois liciniennes, la plupart des magistri equitum nommés n'avaient pas été consuls ; à partir de 320, époque à laquelle on revint aux anciens usages, on ne tint guère plus de compte de la loi pour le choix de ces magistrats. Jusqu'en 368, on ne nomma que des patriciens [8] ; à cette date probablement on nomma pour la première fois un plébéien. Le dictateur pouvait choisir un tribun consulaire [9] ou un édile curule [10], il n'y avait pas cumul. César ne s'occupa pas des antécédents ni de la qualité du citoyen à qui il donna les fonctions de magister equitum [11]. On prétend qu'en 48 il y eut un magister equitum désigné non par César, mais par le consul qui avait donné la dictature à César [12] ; il y a là un malentendu. Le sénat et le peuple n'avaient aucune influence légale sur le choix du maître de la cavalerie. Mais en fait, dans un but de conciliation, les dictateurs tinrent souvent compte des désirs du sénat [13], une fois même de la volonté du peuple [14] (nous laissons de côté le cas tout particulier de M. Minucius Rufus [15]) ; de là les expressions très fréquentes de *magistratus equitum ei datus* [16], *additus* [17], *adjectus* [18] *est*. Le maître de la cavalerie devait abdiquer ses fonctions en même temps que le dictateur qui le prévenait du moment exact [19] ; si le dictateur commettait quelque erreur de fait dans la nomination du maître de la cavalerie, il devait

[1] Liv., 8, 32. Cf. 4, 14.
[2] Liv., 10, 3, 3.
[3] Liv., 4, 46, 11. 4, 57, 6.
[4] Sen., *ep.*, 108, 31.
[5] Liv., 6, 38, 4.
[6] Plut., *Marc.*, 5.
[7] Liv., 3, 27. Dion., 10, 24.
[8] Liv., 6, 39. 10, 8, 8. Plut., *Cam.*, 39. Dio C., *f.* 29, 5 B.
[9] Liv., 4, 31. 46. 57. 6, 39.
[10] Liv., 23, 24. 30. 27, 33.
[11] Dio C., 42, 21. 43, 51. App., *b. c.*, 3, 9.
[12] Dio C., 42, 21.
[13] Liv., 7, 12. 8, 17. 9, 38. 22, 57.
[14] Liv., 27, 5.
[15] Voir plus haut, page 689.
[16] Liv., 7, 28, 8.
[17] Liv., 7, 12, 9. 7, 22, 11. 7, 24, 11.
[18] Liv., 7, 21, 9.
[19] Liv., 4, 34 Cf. 9, 26. 8, 15, 6.

abdiquer aussitôt [1]. Naturellement, la durée maximum des fonctions de maître de la cavalerie était de six mois [2]. Naturellement aussi la magistrature du magister equitum disparut avec la dictature ; mais elle reparut plus tard sous l'empire, dans l'institution de la préfecture du prétoire (*præfectus prætorio*) [3].

[1] Plut., *Marc.*, 5. Val. Max., 1, 1, 5.
[2] Dio C., 42, 21.
[3] Pomp., *in Dig.*, 1, 2, 2, 19.

B.

LE TRIBUNAT [1]

Le tribunat n'avait rien de commun avec les magistratures, consulat, dictature, préture et censure, qui s'étaient partagé les pouvoirs (*potestas imperium*) de la royauté; l'autorité des tribuns était d'une nature hétérogène, *dispar potestas*. Etabli par la loi sacrée (*lex sacrata*) après la première sécession de la Plèbe, le tribunat avait le droit de faire opposition aux actes de l'autorité régulière en faveur (*auxilium*) des plébéiens [2]. Le tribun n'avait donc pas d'*imperium* [3], pas de juridiction; il ne pouvait pas intervenir directement, d'une manière active, dans le gouvernement de la république (*administratio rei publicæ*). Mais son autorité était garantie par une loi sacrée, elle prenait donc un caractère religieux, *sacrosancta potestas*; il était inviolable en vertu de la même loi [4], et son inviolabilité assurait toute son efficacité à l'intercession qu'il pouvait opposer aux actes des magistrats revêtus de l'imperium et armés du droit de coercition; ces derniers n'avaient pas de prise sur lui [5]; et en fait, il devenait plus puissant que les magistrats actifs dont nous venons de parler.

Cependant, malgré leur inviolabilité, certains tribuns furent parfois l'objet de violences; quelques-uns même furent poursuivis [6] et condamnés dans l'exercice de leurs fonctions. Un tribun fut poursuivi pour dettes, et ses collègues le laissèrent condamner; ils auraient pu s'y opposer, ils voulurent sans doute défendre l'honneur de la corporation en sacrifiant un tribun indigne. Ils prirent la défense de l'accusateur, qui était sans doute le préteur, contre l'accusé. Un autre encore fut poursuivi et condamné pour faits d'immoralité [7]; les autres tribuns l'abandonnèrent et approuvèrent

---

[1] La notice sur le tribunat [est tirée du tome I de Lange, 3e édition, pp. 821-856.

[2] Voir tome I, pages 133 et suivantes.

[3] Liv., 2, 56. 6, 37. Gell., 13, 12. Vell., 2, 2, commet une erreur.

[4] Tome I, page 134.

[5] Cic., *de leg.*, 3, 7, 15. Dion., 6, 89. Sur le caractère particulier de leur inviolabilité différant de celle des autres magistrats, voir tome I, page 137.

[6] On n'avait pas le droit de le mettre en accusation; c'était une conséquence de l'inviolabilité: App., *b. c.*, 2, 138. Cependant il y eut quelques exceptions: Val. Max., 6, 5, 4.

[7] Val. Max., 6, 1, 7. Plut., *Marc.*, 2.
Le tribun condamné s'appelait C. Scatinius Capitolinus; il fut poursuivi par l'édile curule, M. Claudius Marcellus en 227.

l'accusation. Lors du traité des Fourches-Caudines il se présenta un cas particulier; deux tribuns avaient pris part à la signature du traité, et comme il ne fut pas ratifié, durent partager le sort de ses auteurs [1]. Ils avaient en quelque sorte renoncé à leur inviolabilité en approuvant le traité [2]; ils ne pouvaient pas se soustraire aux conséquences de leurs actes sans commettre un crime religieux, *nefas*; voilà pourqnoi ils donnèrent leur démission, afin que l'on ne punît pas en eux des fonctionnaires revêtus d'un pouvoir sacrosaint [3].

Ce sont là les seules exceptions que l'on puisse citer; l'inviolabilité des tribuns fut toujours respectée pendant la durée de leurs fonctions, et même après; il fut toujours admis en·fait, sinon en droit, que les tribuns ne pouvaient être poursuivis, après leur sortie de charge, pour les actes de leur administration [4] : ils étaient donc à la fois inviolables et irresponsables [5]. On connaît quelques exceptions; en 393, deux anciens tribuns furent condamnés à une amende [6]; les autres exceptions sont toutes du dernier siècle de la république, des années 98 [7], 86 [8], 74 [9] et 66 [10]. La responsabilité n'existait que pour un cas : si les tribuns négligeaient de faire élire leurs successeurs, ils devaient mourir sur le bûcher [11]; cette pénalité avait dû être établie par le *plebiscitum Trebonium* de 448 [12]. Enfin les tribuns ne pouvaient être déposés; les sanctions religieuses les protégeaient avec plus de garantie que les magistrats à *imperium*.

Les tribuns possédaient donc des pouvoirs exceptionnels dans l'État, pouvoirs que n'avaient pas les magistrats ordinaires, ces derniers n'étant ni inviolables ni irresponsables; aussi rien ne pouvait les empêcher d'abuser de leur autorité, si ce n'est l'intercession de leurs collègues; tout au plus les censeurs avaient-ils le droit de signaler ces abus [13]. Garantis par l'inviolabilité, certains tribuns allèrent très loin; l'un d'eux fit un jour condamner à mort un patricien, qui avait refusé de se ranger sur la voie publique pour laisser passer le tribun [14]; en 131, le tribun C. Atinius Labeo voulut faire précipiter de la roche Tarpéienne, sans jugement, le censeur Q. Cæcilius Métellus Macedonicus qui avait omis son nom sur la liste des sénateurs [15]. Ce sont là des exceptions, des actes qui atteignent la limite de l'arbitraire; en

[1] Liv., 9, 8. Voir tome I, page 313.
[2] Cic., *de off.*, 3, 30.
[3] Liv., 9, 10.
[4] Liv., 5, 29.
[5] Dion., 9, 44.
[6] Ces deux anciens tribuns étaient A. Verginius et Q. Pomponius; ou les condamna à 10,000 as d'amende parce que, dans l'intérêt des patriciens, ils avaient fait intercession à la proposition tribunitienne de transporter la capitale romaine à Véies (Liv., 5, 29. 30).
[7] L'ancien tribun P. Furius fut accusé par C. Appuleius Decianus, et mis à mort par le peuple. Sur P. Furius, voir tome II, pages 95 et 97.
[8] Tome II, page 148.
[9] En 74, Q. Opimius, tome II, page 197.
[10] C. Licinius Macer, tome II, page 243.
[11] Diod., 12, 25. Cf. Dio C., fr. 22 B. Zon., 7, 17. Val. Max., 6, 3, 2.
[12] Tome I, page 192.
[13] Liv., 44, 16. Val. Max., 2, 9, 5.
[14] Plut., *C. Gr.*, 3.
[15] Plin., *n. h.*, 7, 44, 142, Liv., *ep.*, 59. Voir tome II, page 28.

général, comme le prouve l'histoire de l'institution, les tribuns étendirent peu à peu leurs attributions par des usurpations méthodiques qu'ils eurent soin de faire légaliser en grande partie. Pendant les premiers siècles de la république, dans les luttes civiles entre la plèbe et le patriciat, le tribunat rendit de grands services à l'État ; mais plus tard il devint gênant ; au dernier siècle, Cicéron rappelant les abus auxquels il s'était laissé entraîner, appelait le tribunat un mal nécessaire [1].

Au début, les cinq tribuns ne pouvaient exercer leur autorité qu'en faveur de la plèbe ; aussi on ne leur donna pas le titre de magistrats du peuple, *magistratus populi romani* [2], on les appela les magistrats de la plèbe, *magistratus plebis romanæ*, ou *plebeii* [3] ; et pourtant ils étaient élus par les comices curiates, et mentionnés dans la loi curiate qui accordait l'*imperium* aux consuls. Avaient-ils quelques fonctions administratives dans l'ordre de la plèbe ? les sources ne nous le disent pas, mais la chose n'est pas impossible, puisque les premiers tribuns furent choisis parmi les *curatores tribuum* [4] ; mais leurs fonctions administratives, si elles existaient, étaient soigneusement limitées à la plèbe, ce n'étaient pas des fonctions publiques, *administratio rei publicæ*. Ils n'avaient certainement pas de pouvoirs judiciaires ; ils intervenaient auprès des plébéiens pour arranger leurs différends [5] ou invitaient leurs édiles à le faire [6], offrant leurs bons offices pour amener une conciliation, comme le faisait tout citoyen auquel s'adressaient les deux parties, mais ils n'étaient pas juges de la plèbe.

Plus tard, les tribuns furent reconnus par tous, comme magistrats du peuple, *magistratus populi romani*, mais alors encore, ils se distinguèrent des autres magistrats par quelques particularités qui tiennent à l'origine de l'institution. On respecta toujours la disposition en vertu de laquelle on ne pouvait nommer que des plébéiens, affranchis exceptés ; un patricien ne put jamais se faire élire qu'en se faisant adopter par la plèbe (*transitio ad plebem*) [7]. Certains auteurs parlent de patriciens nommés tribuns par cooptation [8], mais ne donnent pas de preuves suffisantes ; peut-être dans certains cas, des patriciens ont-ils pu être investis de l'inviolabilité tribunitienne par un plébiciste à titre de récompense pour services rendus à la plèbe ; on agit ainsi à l'égard de César.

Autre particularité : les tribuns n'avaient pas d'insignes [9]. Le banc sur lequel ils siégeaient, *subsellium*, n'était pas, comme la chaise curule, *sella curulis*, un banc d'une forme particulière [10], il ressemblait aux bancs ordinaires ; seulement, on lui conserva sa

---

[1] Cic., *de leg.*, 3, 8-10.
[2] Liv., 2, 56. Zon., 7, 15. Plut., *qu. Rom.*, 81.
[3] Liv., 2, 35. 56.
[4] Voir tome I, page 137.
[5] Dion., 7, 58. Lyd., *de mag.*, 1, 38. 44. Isid., *Orig.*, 9, 4, 18. 9, 3, 29.
[6] Dion., 6, 90. Zon., 7, 15.
[7] Zon., 7, 15. Dio C., 37, 51. 42, 29.
[8] Liv., 3, 65. 5, 10. Cf. 4, 16. Plin., *n. h.*, 18, 3, 15.
[9] Plut., *qu. Rom.*, 81.
[10] Ps. Ascon., p. 118 Or. Varr., *l. l.*, 5, 128.

forme primitive ; dans la suite, il différa donc des bancs dont se servaient les citoyens, mais il ne constitua jamais un insigne de la fonction, *insigne tribunicium*.

Le jour de l'entrée en fonction ne fut jamais le même que celui des consuls et des autres magistrats [1]. Nous ne savons pas quelle était la date choisie pendant la période qui précéda le décemvirat ; ce n'était certainement pas le 10 décembre (IV. id. déc.) [2], puisque le tribunat fut supprimé pendant plus de deux ans, et fut rétabli à cette date du 10 décembre, qui fut conservée pour la suite [3] ; les raisons qui firent modifier plusieurs fois la date de l'entrée en fonction des consuls et d'autres magistrats, n'eurent aucune influence sur l'institution du tribunat. Une fois seulement, l'élection n'ayant pas été régulière (*tribuni plebis vitio creati*) [4], se présenta une difficulté ; mais nous croyons, malgré Tite-Live, que l'irrégularité (*vitium*) fut découverte avant le 10 décembre, et les anciens tribuns firent procéder à de nouvelles élections ; si notre théorie est fausse, si les tribuns nommés irrégulièrement étaient réellement en fonction depuis cinq jours quand l'erreur fut découverte, il faut croire que, comme en 449, le grand Pontife dut présider les comices chargés de désigner de nouveaux tribuns, qui restèrent en fonction jusqu'au 10 décembre de l'année suivante.

En quatrième lieu, les tribuns avaient une autorité plus grande dans les assemblées de la plèbe (*concilia plebis*) que les autres magistrats sur les assemblées du peuple [5] ; aucun magistrat ne pouvait dissoudre une assemblée (*contio*) réunie par les tribuns, magistrats de la plèbe.

Enfin les tribuns ne pouvaient exercer leurs pouvoirs en dehors de Rome ; la limite fixée était la même que pour l'exercice du droit d'appel, un mille en dehors de la cité. Leur situation était donc tout à fait différente de celle des magistrats *cum imperio*, dont l'autorité ne devenait absolue qu'au delà de cette limite. De là l'obligation pour les tribuns de rester à Rome ; ils devaient toujours être là pour exercer leur droit d'intercession [6] ; au VIIe siècle ils se tenaient [7] dans la basilique Porcia [8], près de la curie Hostilia [9]; leur maison devait être toujours ouverte, même la nuit, afin que l'on pût réclamer à toute heure leur protection (*auxilium*) [10] ; ils ne devaient jamais s'absenter de Rome plus d'un jour [11], excepté pendant les féries latines [12]. Il y eut cependant des exceptions, et cette

[1] Plut., *qu. Rom.*, 81.
[2] Dion., 6, 89.
[3] Liv., 39, 52.
[4] Liv., 10, 47.
[5] Cf. Gell., 13, 16.
[6] Gell., 13, 12, 9 ; Zon., 7, 15 n'est pas très précis.
[7] Ils devaient toujours se tenir au centre de la ville, où se concentrait la vie politique de la cité. Cf. Liv. 4, 55, 3.
[8] Plut., *Cat. min.*, 5.
[9] Val. Max. 9, 5, 2. Cf. Cic. *Vat.*, 9, 21 (*tabula valeria*) avec Plin., *n. h.*, 35, 4, 22. Schol. Bob., p. 318 Or.
[10] Plut., *qu. Rom.*, 81.
[11] Gell., 13, 12, 9. 3, 2, 11. Macrob., *Sat.*, 1, 3, 8. Serv., *ad Æn.*, 5, 738. Dio C., 37, 43. 45, 27. 46, 49.
[12] Dion., 8, 87.

défense fut violée plusieurs fois ; le premier exemple est de l'année
320 [1]; les tribuns exercèrent parfois leurs fonctions en dehors de
Rome [2] soit de leur propre autorité, soit sur sur l'invitation du
sénat [3] ; mais on ne peut pas en conclure que la défense de s'éloigner fût supprimée ni que l'action des tribuns fût une fois pour
toutes autorisée en dehors de la limite indiquée plus haut. Il est
possible que le sénat ait accordé parfois des dispenses aux tribuns
en leur confiant des missions ; mais les tribuns n'en avaient pas
besoin ; la défense qui leur était faite n'avait pas de sanction, les
tribuns n'étaient pas punis ; en 49. M. Antoine quitta Rome dans le
seul but de pouvoir rejeter sur d'autres la responsabilité de son
éloignement [4]. En dehors de Rome, les tribuns n'avaient aucun
pouvoir légal, ils étaient de simples particuliers, *privati* ; mais ils
conservaient cependant une grande influence morale, et les généraux
les respectaient pour ne pas s'exposer à leur ressentiment, à leurs
accusations quand ils seraient rentrés à Rome.

Comment les tribuns devinrent-ils magistrats du peuple ? En
luttant sous le couvert de leur inviolabilité pour donner une plus
grande extension aux deux pouvoirs qui leur avaient été reconnus
par la loi sacrée, le *jus intercedendi*, et le *jus cum plebe agendi*.
En 471, ils obtinrent que les tribuns ne seraient plus élus par les
curies, mais par les assemblées de la plèbe (*concilia plebis*) [5] ; en
457, le nombre des tribuns fut porté de cinq à dix (deux pour chacune
des cinq classes) [6] ; en 448, le plébiscite de Trébonius défendit la
cooptation [7], qui avait souvent servi les intérêts des patriciens ; le
même plébiscite dut aussi supprimer l'obligation de nommer deux
tribuns dans chaque classe.

Après ces premières réformes ils furent, en fait, de véritables
magistrats du peuple ; mais ils ne le devinrent en droit et d'une
façon complète que le jour où on leur reconnut le pouvoir de faire
des lois.

Dans l'étude des fonctions tribunitiennes, nous avons à distinguer
celles qui étaient communes à tous les magistrats, et celles qui
étaient spéciales à la *potestas tribunicia*.

Ajoutons tout de suite qu'ils exercèrent souvent des fonctions
variées qui ne rentrent dans aucune de ces deux catégories ; comme
les tribuns étaient les hommes de confiance du peuple, les censeurs
se les adjoignirent pour commencer le cens [8] ; les préteurs en firent
autant quand il devint nécessaire de faire des règlements sur les
monnaies [9]. Ils intervinrent aussi, en vertu de la loi *Atilia*, dans la
tutoris datio, qui était de la compétence du préteur [10] ; en vertu

---

[1]) Liv., 9, 8-10. Cic., *de off.*, 3, 30, 109.
[2]) Dio C., 37, 43. 45, 27. 46, 49.
[3]) Liv., 9, 36. 29, 20.
[4]) Dion., 8, 87.
[5]) *Lex Publilia*, voir tome I, page 158.
[6]) Tome I, page 163.
[7]) Tome I, page 192.
[8]) Varr., *l. l.*, 6, 87.
[9]) Cic., *de off.*, 3, 20, 80.
[10]) Ulp., 11, 18.

d'une autre décision particulière, ils firent partie de la commission chargée de fixer la valeur en argent des prétendus livres de Numa que l'on avait confisqués [1] ; enfin à la suite d'une loi de 304 [2], on les consulta avant de désigner le citoyen qui devait dédier un temple ou un autel [3]. On a prétendu que la loi *Visellia* de 72 leur donna le droit de s'occuper des routes, *cura viarum* [4], mais on ne peut l'affirmer [5] ; la loi *julia municipalis* leur donna certaines fonctions dans les distributions de blé [6] ; enfin en 49, les édiles étant absents, ils les remplacèrent [7].

Nous allons énumérer les fonctions communes aux tribuns et à tous les autres magistrats. Les tribuns ne les possédaient pas à l'oigine, puisqu'ils n'étaient pas *magistratus populi romani*, mais ils les avaient en quelque sorte en germe, disposant de pouvoirs qui allaient leur permettre de développer leur puissance. Ainsi ils avaient le *jus contionis*, conséquence de leur *jus cum plebe agendi*, et le *jus edicendi*, c'est-à-dire de fixer le jour où ils réuniraient la plèbe; naturellement, à l'origine, ils ne pouvaient convoquer que la plèbe, non le peuple. N'oublions pas que les patriciens tenaient grand compte des assemblées et des édits des tribuns, et que plus tard les droits des tribuns devinrent tout autres à mesure que grandirent leurs pouvoirs spéciaux ; on s'en rend bien compte en comparant les assemblées et les édits des derniers siècles de la république avec ceux des premiers temps [8]. Comme les autres magistrats, ils avaient le droit de faire venir des citoyens (*producere*) devant l'assemblée, et de leur donner la parole.

Ils n'obtinrent le *jus auspiciorum* inhérent à toute magistrature qu'assez tard, à l'époque où on était habitué à les considérer comme de véritables magistrats. On ne peut pas soutenir qu'ils l'aient obtenu des consuls L. Valérius et M. Horatius en 449, et qu'il leur ait été donné en même temps que le droit de faire des lois dans les *conciles* de la plèbe [9] ; ils ne l'avaient pas encore au moment où furent votées les lois liciniennes ni immédiatement après [10]. Ils n'y attachaient du reste pas grande importance ; au point de vue religieux, un abîme les séparait des patriciens, et ils pouvaient arriver à exercer une grande influence sans les auspices. En 292, on parle de tribuns de la plèbe [11] *vitio creati*, en 202, d'édiles plébéiens [12] aussi *vitio creati* ; il faut donc admettre qu'avant la date de 292 on avait établi l'obligation de prendre les auspices avant

---

[1] Liv., 40, 29, 13.
[2] Tome I, page 331.
[3] Liv., 9, 46.
[4] I. L. A., p. 171.
[5] Mommsen, *Ephem. epigr.*, tome II, 1875, page 201.
[6] *Lex jul. munic.*, Z. 1.
[7] Dio C., 44, 36. Cf. 42, 27. 49, 16.
[8] Voyez édits ap. Liv., 4, 60. Cic., *in Verr. accus.*, 2. 41. *de off.*, 3, 27. Plut., *Ti.-Gr.*, 10.
[9] Zon., 7, 19.
[10] Liv., 6, 41. 7, 6.
[11] Liv., 10, 47.
[12] Liv., 30, 39.

l'élection des tribuns ; comme pour les autres magistrats, l'élection leur donnait le *jus auspiciorum* et le *jus spectionis* [1]. Pour Mommsen, le *vitium* de l'élection aurait consisté dans la non-observation de l'*augurium oblativum* des éclairs et du tonnerre ; la théorie n'offre aucune vraisemblance ; tout le monde pouvait faire ces observations, une pareille négligence serait inexplicable étant connues les habitudes religieuses au cinquième siècle de Rome [2]. La date qui nous paraît la plus justifiée entre 361 et 292 est la date de 339 : cette année, la loi *Publilia* augmenta la compétence législative des assemblées de la plèbe [3]. Notre hypothèse est confirmée par le fait qu'à l'époque historique nous voyons les tribuns discuter devant la plèbe la question de l'inauguration d'un temple [4] ; et plus tard, Ti. Sempronius Gracchus observa les *auspicia impetrativa* en qualité de tribun [5] ; on a voulu prétendre qu'il les avait pris en qualité de *triumvir agris dandis assignandis*, c'est une mauvaise défaite. Quels étaient ces auspices ? on a dit que c'étaient des *auspicia urbana* modifiés ; nous croyons qu'ils étaient une variété des *auspicia maxima* ; ils étaient valables pour tous, mais ne s'appliquaient naturellement qu'aux actes rentrant dans les attributions des tribuns, par exemple, la présidence des assemblées de la plèbe [6], la convocation du sénat. Ils n'annulaient pas les auspices des autres magistrats, et ne pouvaient être annulés par eux. Sous ce rapport, les privilèges des tribuns se trouvèrent à la fois augmentés et affaiblis par les lois Ælia et Fufia de 154 [7]. Comme tous les autres magistrats, ils pouvaient observer le ciel (*servare de cœlo*), et faire usage de l'*obnuntiatio* pour empêcher la réunion d'assemblées convoquées par des magistrats supérieurs ; mais il y avait réciprocité, les magistrats usaient du même procédé pour interdire les assemblées convoquées par les tribuns. En 58, P. Clodius Pulcher supprima la plupart de ces dispositions des lois Ælia et Fufia [8] ; elles gênaient plus les tribuns qu'elles n'augmentaient leur autorité ; cependant, malgré la loi Clodia, les tribuns continuèrent à se servir des lois Ælia et Fufia pour s'opposer par l'obnuntiation à la tenue des comices d'élection et des comices législatifs [9].

Les fonctions spéciales des tribuns étaient de deux sortes ; les unes étaient des fonctions actives, elles découlaient soit du *jus intercedendi*, soit du *jus cum plebe agendi* ; les autres avaient un caractère négatif, elles dérivaient du *jus intercedendi* mis au service de la plèbe (*jus auxilii adversus consulare imperium*).

---

[1] Malgré ce que dit Dion. : 9, 49. 41. 10, 4. Cf. Cic., *de Leg.*, 3, 3, 10 *omnes magistratus auspicium judiciumque habento*.
[2] Cic., *in Vat.*, 7, 17.
[3] Voir tome I, page 290, note 2.
[4] Cic.. *de Inv.*. 2, 17, 52, *Sest.*, 29, 62. 35, 75. Liv., 2. 56, 10. 5, 17, 1 a commis un anachronisme.
[5] Plut., *Ti. Gr.*, 17. Val. Max., 1, 4, 2.
[6] Gell., 6 [7], 19, 5.
[7] Voir tome I, page 570.
[8] Ascon., p. 9.
[9] Voir tome II, page 328.

Dans la première catégorie rentre la *coercitio* [1], conséquence du *jus auxilii* et de l'inviolabilité. Il pouvait arriver que les tribuns n'avaient d'autre moyen de rendre leur protection efficace qu'en employant la force. De bonne heure, probablement dès 472, date de la loi Publilia Voleronis, les tribuns emprisonnaient ceux qui leur résistaient, usurpant déjà le *jus prensionis* réservé aux magistrats *cum imperio*. Les patriciens réclamèrent, et protestèrent contre les usurpations des tribuns, surtout quand ces derniers commencèrent à exercer le *jus prensionis* sur la personne des patriciens [2]; la loi sacrée ne les avait certainement pas autorisés à aller si loin, encore bien moins à menacer de la prison (*in vincula duci jubere*) et à traiter comme de simples citoyens (*in ordinem cogere*) les magistrats, en particulier les consuls [3], les tribuns consulaires [4] et les censeurs [5]. On protestait quand ils mettaient à exécution leurs menaces, et ils le firent plusieurs fois en arrêtant des consuls [6]; on prouvait qu'ils n'avaient aucun droit d'agir ainsi, puisqu'ils n'avaient pas une *major potestas* [7]; mais ils étaient inviolables et on ne découvrait aucun moyen de les contenir. Il fallut alors leur reconnaître légalement le droit d'arrêter les citoyens, *jus prensionis*. Ils eurent de la même façon le droit de citation, *vocatio* ; on essaya de le leur contester, sous prétexte qu'ils n'avaient pas d'imperium ni de licteurs [8] ; les tribuns laissèrent dire et ne discutèrent pas la question de droit ; mais ils agirent, et on répondit à leurs citations, on comparut devant le peuple sur leur ordre. Pour exercer la *prensio* les tribuns se servirent des édiles plébéiens et de leurs viateurs [9]. Ils usurpèrent encore le *jus multæ dictionis*, et se le firent confirmer pour eux et les édiles plébéiens par la loi *Aternia Tarpeia* de 454 [10]; ils voulurent aussi en user à l'égard des consuls [11]. Ils eurent encore le *jus pignoris capionis* [12]. Rien ne pouvait empêcher l'exécution de la coercition ordonnée par un tribun que l'intervention d'un autre tribun ; un tribun pouvait faire remettre en liberté (*mitti jubere*) celui que son collègue avait fait emprisonner [13].

Ce sont là les seuls droits de coercition reconnus par la loi. Ils pouvaient encore faire des menaces, *minæ*, mais ils n'ont jamais disposé des moyens nécessaires pour les exécuter légalement [14]. On

[1]) Gell., 13, 12, 9.
[2]) Liv., 2, 56. 3, 13.
[3]) Liv., 2, 56. 4, 26. *ep.*, 55. Dion., 9, 48. 10, 34. Cic., *Leg. agrar.*, 2, 37 . Plut., *Mar.*, 4. Dio C., 38, 6. 39, 39.
[4]) Liv., 5, 9.
[5]) Liv., 9, 34.
[6]) Liv., *ep*, 48. 55. Cic.. *de Leg.*, 3, 9. *in Vat.*, 9. *ad Att.*, 2, 1, 8. Val. Max., 9, 5, 2. Dio C., 37, 50. Zon. 7, 15. Voir tome I, pages 574. 602. Tome II, pages 112. 301.
[7]) Liv., 4, 26, 10. 5, 9, 5.
[8]) Gell., 13, 12, 4. 6.
[9]) Liv., 2, 56. 3, 56. 29, 20, 11. Dion., 7, 26. 10, 34. Cic., *in Vat.*, 9. Val. Max., 9, 1, 8.
[10]) Tome I, page 165.
[11]) Liv., 41, 21.
[12]) Aur. Vict., *Vir. ill.*, 13.
[13]) Cic., *Vat.*, 9, 21. Liv., 3, 11.
[14]) Cf. Liv., 2, 29, 10 où *minæ* est opposé à *imperium : quippe minas esse consulum, non imperium, ubi...*

ne leur a jamais reconnu non plus le *jus vitæ necisque*, le droit de mettre à mort sans jugement ; ils avaient comme tous les citoyens, mais non en qualité de tribuns, le droit de réclamer la mort de l'homme dévoué aux dieux, *sacer*, pour avoir violé la *lex sacrata* ; l'affaire était portée devant le peuple ; voilà comment les tribuns trouvèrent le moyen de se faire donner le droit d'accuser devant le peuple, et devinrent les égaux des magistrats investis du *jus vitæ necisque*, mais soumis à l'appel [1]. Au dernier siècle, des tribuns ultra-démocrates voulurent faire exécuter des citoyens, en vertu du prétendu droit que leur aurait donné la lex sacrata ; nous avons déjà cité C. Atinius Labeo [2] ; mais c'était là une nouvelle usurpation qui ne fut jamais sanctionnée par une loi ni par la coutume [3] ; les tribuns n'eurent jamais d'autre droit sous ce rapport que celui de poursuivre devant le peuple [4]. Il en fut de même de la *consecratio bonorum*, que voulurent pratiquer des tribuns du dernier et de l'avant-dernier siècle [5] : leurs actes démocratiques n'eurent pas la sanction légale ; en effet, le précédent sur lequel ils s'appuyaient [6] était antérieur à la loi Aternia Tarpeia ; il appartenait donc à une époque où les tribuns luttaient encore pour obtenir le droit d'accusation [7]. Ils n'eurent pas non plus de compétence dans les procès criminels. Malgré cela, le droit de coercition donna aux tribuns une telle force que leur autorité put prendre souvent les apparences d'une *major potestas* [8] par rapport à celle des magistrats patriciens qui ne pouvaient exercer contre eux leur *imperium*. Ce sont ces apparences qui ont trompé Mommsen, et l'ont amené à défendre cette théorie fausse du tribunat, qui est contraire aux principes les mieux établis de la constitution républicaine.

Nous arrivons au *jus cum plebe agendi* ; les tribuns surent lui donner un tel développement qu'il devint, en fait, l'équivalent du *jus cum populo agendi*. Sans doute, ils n'eurent pas ce dernier droit au sens strict du mot [9] ; sans *imperium*, les tribuns ne pouvaient pas convoquer les centuries ; magistrats de la plèbe, ils ne pouvaient pas non plus réunir les curies patriciennes [10]. Leur pouvoir se bornait à convoquer les assemblées de la plèbe ; mais plus ces dernières devinrent importantes, plus aussi fut considérable le rôle qu'elles jouèrent dans la législation et dans l'administration.

Eu vertu du *jus cum plebe agendi* les tribuns réunissaient les assemblées de la plèbe depuis la loi Publilia de 471 pour faire nommer

----

[1] Voir tome I, pages 147. 165. 175.

[2] Voir tome II, page 28.

[3] On ne peut pas invoquer pour soutenir une thèse contraire les citations suivantes : Dion., 10, 31. Dio C., 53, 17. Zon., 7, 15.

[4] Tome I, page 149.

[5] Liv., 43, 16. Cic., *de Dom.*, 47, 123 et seq. Plin., *n. h.*, 7, 44, 144. Dio C., 38. 30.

[6] Dion., 10, 42.

[7] Lange, *de Consecratione capitis et bonorum*, Giessen, 1867, pages 16 et seq. 26.

[8] Liv., 3, 30, 3, *vincebaturque consulare imperium tribunicio auxilio.*

[9] Cic., *de Leg.*, 3, 4.

[10] Gell., 15, 27, 4.

leurs successeurs et les édiles plébéiens ; ils conservèrent ce droit
jusqu'à la fin de la république. On a prétendu que ces comices
électoraux de la plèbe furent une fois présidés par un préteur [1], ce
n'est pas prouvé, il y a eu malentendu [2]. Au début, les comices
tribunitiens se réunissaient immédiatement avant l'entrée en fonction
des nouveaux titulaires, plus tard, ils se tenaient en été et même
avant les comices consulaires [3]. Le sort désignat celui des dix
tribuns qui devait présider [4]. Plus tard, dans les derniers temps de
la république, les tribuns présidèrent aussi des élections de magistrats extraordinaires. Ils réunissaient encore les comices de la plèbe
pour indiquer les noms des personnages que l'on désirait voir pourvus
de commandements extraordinaires (*imperium extra ordinem*), et
nous avons vu qu'ils indiquaient également le personnage qu'ils
voulaient voir nommer dictateur.

En second lieu les tribuns faisaient voter des lois par les assemblées
de la plèbe. Au début, leur action législative ne pouvait sortir du
cercle de la plèbe ; la loi Valeria Horatia de 449 étendit leur compétence à toutes les questions qui n'étaient pas spécialement réservées
aux centuries, ils purent faire des lois sur la condition de la plèbe,
sur le droit privé [5]. Les lois Publilia de 339 [6] et Hortensia de 287 [7]
les autorisèrent à s'occuper du gouvernement en général et de l'imperium. A partir de la loi Hortensia il n'y eut plus de différence
entre le plébiscite et la loi (*lex*) ; les plébiscites furent dès lors
désignés sous le titre de lois tribunitiennes (*lex tribunicia*). Les
tribuns eurent dès lors le droit de proposer des changements dans la
législation publique et privée, et d'intervenir dans l'administration.
Ils furent toujours tenus cependant à prendre l'avis du sénat : un
sénatus-consulte était indispensable pour les autoriser à porter leurs
propositions devant la plèbe ; mais il leur était beaucoup plus facile
qu'aux consuls de passer outre ou de forcer le sénat à leur accorder
l'autorisation nécessaire. On a prétendu que les tribuns ne pouvaient
présenter leurs rogations devant la plèbe qu'après avoir été autorisés
par un sénatus-consulte proposé par les consuls ; en échange, les
tribuns auraient obtenu le droit d'user de leur intercession pour
empêcher le vote du sénatus-consulte, vers l'époque de la loi Valéria
Horatia. Une pareille théorie ne peut être soutenue, Sylla le premier
imposa cette obligation aux tribuns.

En troisième lieu, les tribuns s'étaient attribué dès l'origine le
droit d'accusation devant les assemblées de la plèbe ; la loi Aternia
Tarpeia, nous l'avons dit, leur reconnut ce droit, à la condition qu'ils
se contenteraient de proposer des amendes. L'expression qui traduit
exactement leurs droits à ce sujet est l'expression *mullam irrogare* [8] ;

---

[1] App., *b. c.*, 1, 28.
[2] Cf. App., *b. c.*, 3, 31. Suet., *Cæs.*, 76.
[3] App., *b. c.*, 1, 14. Cic., *ad Att.*, 1, 1. *in Verr. act.*, 1, 10.
[4] Liv., 3, 64. App., *b. c.*, 1, 14.
[5] Voir tome I, page 186.
[6] Voir tome I, page 286.
[7] Voir tome I, pages 349 et seq.
[8] Cic., *pro Rab perd.*, 3. *de dom.*, 22. *pro Mil.*, 14. Gel.., 6 7), 19, 5.

mais peu à peu les tribuns ne se contentèrent plus de demander une
condamnation pécuniaire, ils la prononcèrent eux-mêmes, de là, les
expressions *multam dicere* [1], *judicare* [2]. Les tribuns usèrent
surtout de ce droit dans les procès politiques. Disons enfin que ce
fut en vertu du droit d'accusation que les tribuns purent obtenir
le droit de convoquer dans certains cas les comices centuriates : ils
purent le faire, quand ils voulurent accuser un citoyen du crime
capital de trahison (*perduellio*). Ajoutons, entre parenthèses, qu'ils
avaient déjà usurpé ce droit, et maintes fois, malgré la loi Valéria
de provocatione, l'avaient exercé dans les assemblées de la plèbe. Quant
au droit de convoquer les comices, ils l'exercèrent avec l'autorisation
des consuls qui pouvaient déléguer le soin de porter des accusations
criminelles à des *duoviri perduellionis* ; mais ils étaient tenus à
demander l'autorisation de poursuivre pour *perduellio* soit au consul
soit au préteur urbain [3] : ce dernier indiquait le jour et prenait les
auspices [4]. Les tribuns usèrent surtout de ce droit dans les procès
politiques dirigés contre des magistrats sortis de charge ; la *potestas
tribunicia* grandit encore et ce fut surtout par l'exercice de ce
droit qu'elle put se donner les apparences d'une *major potestas*.
Considérant d'une part la situation des consuls responsables, de
l'autre la puissance des tribuns qui pouvaient les poursuivre, les
rhéteurs pouvaient dire : *consuli velut apparitori tribunicio
omnia ad nutum imperiumque tribuni agenda esse* [5]. Ce sont là
des paroles exagérées, on ne peut nullement en conclure que les
consuls [6] devaient obéir aux tribuns, ni que les tribuns possédaient
l'*imperium*.

Les tribuns avaient encore le *jus cum patribus agendi* [7], c'est-à-
dire le *jus senatum consulendi*. A l'origine, les tribuns n'avaient
aucun rapport avec le sénat ; mais de bonne heure ils apportèrent
leur *subsellium* à la porte de la curie, et restèrent là pendant les
séances pour prendre connaissance des délibérations [8]. Personne ne
pouvait les en empêcher, puisqu'ils étaient inviolables. Différentes
raisons décidèrent les sénateurs à les admettre aux séances: d'abord
en qualité de magistrats plébéiens les tribuns étaient des intermé-
diaires naturels entre la plèbe et les patriciens, le sénat par
conséquent ; leurs avis pouvaient être très utiles pour la marche
d'une discussion, enfin le sénat pouvait espérer qu'en les autorisant
à délibérer avec lui, il calmerait leur besoin d'opposition. Les
tribuns entrèrent donc au sénat ; ce ne fut pas en vertu d'une loi,
mais avec l'autorisation du magistrat patricien qui présidait l'assemblée [9]. Pendant quelque temps, le droit d'assister aux séances, de
prendre la parole au sénat, fut un droit précaire, révocable, dépen-

---

[1]) Liv., 25, 3. Cf. 2, 52.
[2]) Liv., 26, 3.
[3]) Liv., 26, 3. 43, 16. Gell., 6 [7], 9, 9. Cf. Schol. Bob., p. 337 Or.
[4]) Cf. Varr., *l. l.*, 6, 91.
[5]) Liv., 2, 54, 5.
[6]) Cic., *de Leg.*, 3, 3, 8 *nemini parento*.
[7]) Cic., *de Leg.*, 3, 4, 10.
[8]) Val. Max., 2, 2, 7. Zon., 7, 15.
[9]) Dion., 7, 25. 39. 9, 49.

dant du président ; les tribuns paraissent en avoir usé avant la loi Valéria Horatia de 449 ; le développement qu'avait pris l'institution du tribunat nous permet de le supposer, mieux encore que le témoignage peu net de Denys [1]. Puis ce droit, consacré par l'usage, s'imposa ; après la loi Valéria Horatia il ne fut plus contesté [2]. De ce droit découla celui de convoquer le sénat, et de faire des propositions (*referre*), c'est-à-dire le droit d'initiative pour la présentation d'un sénatus-consulte ; les tribuns en arrivèrent là vers l'époque des lois liciniennes [3]. Une loi formelle dut leur accorder ces nouveaux pouvoirs qui ne furent jamais contestés à partir d'une certaine époque [4]. Rappelons que la loi Valéria Horatia avait donné une grande extension à l'initiative législative des tribuns ; considérons qu'en matière législative, le sénat possédait en fait le droit reconnu par l'usage d'examiner le premier les propositions, et qu'il tenait beaucoup à faire maintenir ce droit ; or, quand la guerre entre les deux ordres fut terminée, le sénat dut s'empresser d'autoriser les tribuns à convoquer l'assemblée et à lui présenter leurs propositions : c'était en outre un excellent moyen pour rendre les consuls plus dociles. Il est dès lors probable que ces deux droits furent accordés aux tribuns par la loi *Publilia Philonis* de 339 ; à la même époque, ils durent aussi être mis en possession des auspices usités pour les convocations du sénat ; mais on ne peut pas affirmer qu'ils aient été à la même époque soumis à l'obligation de se faire autoriser par un sénatus-consulte à porter leurs rogations devant le peuple. Les tribuns surent s'assurer tout de suite un privilège sur les autres magistrats : quand il y avait à Rome plusieurs magistrats en droit de convoquer le sénat, la priorité dépendait du grade ; les tribuns eux, pouvaient exercer leur droit de convocation sans être soumis à cette gêne du rang [5]. Cependant, les tribuns n'étaient pas sénateurs, excepté ceux qui faisaient partie de l'assemblée avant leur élection au tribunat [6] ; les tribuns ne furent sénateurs de droit, en vertu de leurs fonctions, qu'après le *Plebiscitum Atinium*, dont nous ne connaissons ni le contenu ni la date [7]. Il est probable que ce plébiscite fut un complément de la loi Ovinia, votée peu de temps après les lois liciniennes, plutôt que de la loi Villia Annalis de beaucoup postérieure. Le plébiscite Atinium paraît avoir été mis en vigueur à l'époque de la seconde guerre punique, vers 214 [8].

Passons aux pouvoirs prohibitifs de la *potestas tribunicia* ; ils découlent tous du *jus intercedendi* et se résument dans l'*intercessio tribunicia*. On distingue deux sortes d'intercessions : l'intercession

[1] Dion., 7, 25. 39. 49. 9, 49. 10, 2. 9. 13. 30. 31. 32. 34. Cf. Plut., *Cor.*, 17. Liv., 3, 9.
[2] Liv., 4, 1. 36. 44. Dion., 11, 56. Val. Max., 2, 2, 7.
[3] Cf. Dion., 10, 31. Liv., 4, 12. 55.
[4] Gell., 14, 7. 8. Liv., 22, 61. 27, 5. 42, 21. Cic., *de Or.*, 3, 1. *ad Fam.*, 10, 16. *pro Sest.*, 32.
[5] Malgré le témoignage de Gell., 14, 7. Cf. Cic., *de Or.*, 3, 1. *Fam.*, 1, 2, 2. 1, 1, 3. Plut., *C. Gr.*, 6.
[6] Zon., 7, 15.
[7] Gell., 14, 8. Cf. Zon., 7, 15.
[8] Cf. Liv., 23, 23.

sur appel, l'intercession spontanée. L'intercession était l'àme de la
puissance tribunitienne [1]. Les tribuns pouvaient la formuler au
moyen du mot *Veto* ; nous avons dit (tome I, page 139) qu'il ne
faut pas considérer le veto comme un droit absolu d'arrêter l'action
des magistrats [2], le veto était simplement une formule d'intercession [3].
On peut avec assez de raison comparer l'intervention des tribuns à
l'opposition que faisait un magistrat aux mesures prises par son
collègue ; considéré au point de vue de l'intercession, le tribunat
possédait une puissance presque égale, *quasi par potestas*, à celle
des autres magistrats : il faut excepter pourtant le dictateur [4] et les
censeurs, quand ces derniers se renfermaient dans l'exercice des
fonctions spéciales de la potestas censoria. Nous ne pouvons pas
faire cependant l'assimilation complète : ce n'était pas une *par
potestas*, puisque les autres magistrats ne pouvaient pas en faire
usage à l'égard des tribuns. On ne peut pas conclure non plus de ce
dernier fait que c'était une *major potestas*. Pareille à l'intercession
qu'exerçait un consul à l'égard de son collègue, l'intervention dans
l'origine avait été accordée aux tribuns pour leur permettre de
défendre un plébéien contre l'*imperium* des autres magistrats. Plus
tard, les tribuns purent prendre sous leur protection, non-seulement
des plébéiens, mais aussi des patriciens [5], et même des magistrats
revêtus de l'imperium [6] ; plus tard encore, d'eux-mêmes, sans y être
invités, ils purent se réclamer de ce droit pour défendre l'État
contre les magistrats. Les tribuns pouvaient intervenir à la fois
contre l'*imperium* et contre la *potestas* des magistrats ; les tribuns,
dans ce dernier cas, pouvaient arrêter l'action de leurs collègues,
l'intercession était alors une *intercessio pari potestatis* ; on sait
que les patriciens s'en servirent la première fois pour écarter des
propositions de lois agraires, et furent très reconnaissants envers
Appius Claudius d'avoir trouvé ce moyen commode d'opposition [7].
Cette opposition, en effet, était définitive, aucun autre magistrat ne
pouvant intervenir auprès des tribuns opposants en vertu de pouvoirs
égaux ou supérieurs (*par* ou *major potestas*). En théorie, pourtant,
ce mode d'opposition tribunitienne ne s'explique pas ; cela ne pouvait
pas se produire sans porter atteinte à la *sacrosancta potestas* [8] ;
voilà pourquoi sans doute il était admis que les tribuns ne pouvaient accomplir certains actes contre lesquels s'était produite une

---

[1]) Liv., 5, 29.

[2]) Les tribuns ne pouvaient pas empêcher les magistrats d'agir selon leur
volonté, ils pouvaient seulement les menacer de la coercition, s'ils ne tenaient
pas compte de l'intercession tribunitienne ; les textes suivants sont formels :
Liv, 9, 34. Plut., *qu. Rom.*, 50. *Ti. Gr.*, 10. La théorie de Lange sur l'intercession est donc complètement opposée à celle de Mommsen [N. D. T.].

[3]) Liv., 6, 35, 9. Cf. 3, 13, 6. Cic., *Corn. fr.*, 1, 13 (Ascon, page 70). Gell., 13,
12, 9. Suet., *Tib.*, 2. Tac., *Ann.*, 3, 70. L'usage du mot *veto* était facultatif :
Cf. Cic., *Cluent.*, 43, 122. On ne peut certainement pas voir là un droit de veto
absolu.

[4]) Zon., 7, 15. Liv., 8, 35.

[5]) Liv.. 3, 13. 56. 8, 33. 9, 26, 16. 33, 42. 38, 52.

[6]) Liv., 2, 43. 44. 10, 37.

[7]) Dion., 9, 1. 10, 30. Liv., 2, 44. 4, 48. 5, 2.

[8]) Ascon, p. 58. Front., p. 83 Naber.

intercession. L'intercession en principe pouvait s'attaquer à tous les actes des magistrats, mais la loi et la coutume avaient créé quelques exceptions. Serrons de près les termes : l'intercession suppose une action ou du moins un commencement d'action (agere) : *actio* et *intercessio, actor* et *intercessor* sont corrélatifs [1]. Par conséquent, l'intercession du tribunat ne devait pas se produire contre l'intercession elle-même ; ce ne fut que peu à peu qu'elle obtint ce dernier degré d'extension ; il nous est impossible de suivre d'après les sources ses progrès sur chaque point particulier. Nous pouvons cependant affirmer qu'ils furent assez rapides ; l'intercession était en possession de la plupart de ses privilèges vers l'époque des lois Valeriæ Horatiæ. Il est même probable que les conditions particulières dans lesquelles pouvait s'exercer l'intercession furent déterminées par la loi *Valeria Horatia* qui garantit à nouveau l'inviolabilité tribunitienne ; d'ailleurs, nous n'avons pas besoin de cette hypothèse, les faits suffisent ; à partir des lois Valeriæ Horatiæ les droits de la plèbe et surtout de la *potestas tribunicia* reçurent une extension considérable, l'intercession s'exerça dès lors sans conteste dans toute sa plénitude.

Dans l'étude des faits, nous distinguons l'intercession qui se produisit en faveur des individus, et celle qui se produisit en faveur de la plèbe tout entière et de l'État; la première fut la plus ancienne, elle s'attaqua à la coercition et aux décrets des magistrats ; la seconde plus récente intervint contre le sénatus-consulte et les propositions de lois (*rogationes*). La plus ancienne eut lieu sur l'appel des individus, la seconde fut spontanée.

Dans le premier cas, les tribuns intervenaient pour protéger un citoyen décrété d'arrestation par le consul, par exemple pour refus du service militaire [2], ou condamné au criminel par un magistrat ; dans cette dernière circonstance, ils garantirent pour tous le droit d'appel au peuple, *jus provocationis ad populum*. Ils intervinrent aussi dans les procès civils, mais seulement sur l'invitation des parties, contre les actes juridiques (*lege agere*) des consuls, plus tard du préteur ; ils pouvaient attaquer les instructions (*decreta*) rédigées d'avance pour régler la marche du procès et l'exécution du jugement ; plus tard, quand l'appel fut admis, ils attaquèrent les actes d'accusation devant le peuple formulés par des magistrats [3], et même les accusations présentées par d'autres tribuns [4] ; plus tard encore ils usèrent de leurs droits, dans des limites soigneusement déterminées, à l'égard des *decreta* des préteurs chargés de présider les tribunaux criminels [5] (*quæstiones perpetuæ*) pour des raisons de droit ; enfin ils protégèrent les citoyens contre la *coercitio*, en particulier à l'égard des magistrats, des censeurs surtout [6], et même

---

[1] Cic., *de Leg.*, 3, 4, 11 ast quid turbassitur in *agendo*, fraus *actoris* esto : *intercessor* rei malæ salutaris civis esto.

[2] Dion., 8, 81. 10, 43. 11, 54. Cf. 9, 39. Liv., 3, 11. 4, 53. 42, 32.

[3] Liv., 3, 24. 29. Gell., 4, 14. Val. Max., 6, 1, 7. 10.

[4] Liv.. 3, 59. 24, 43. 25, 3. 26, 3. 38, 52. Gell., 7, 19. Val. Max., 4, 1, 8.

[5] Cic., *Vat.*, 14. Schol. Bob., p. 310 Or. Cf. *Lex Acil. rep.*, cap. 70. l. L. A. p. 62.

[6] Liv., 43, 16.

des tribuns [1] qui avaient le *jus multæ dictionis* et le *jus prensionis*. On cite un exemple curieux d'intercession contre la *coercitio* : un jour, les tribuns prirent sous leur protection un sénateur, menacé parce qu'il n'avait pas voulu émettre son avis dans l'assemblée [2]. Nous l'avons déjà dit, le tribun ne pouvait exercer ces différents droits que quand on s'adressait à lui (*appellare*) ; sinon son intervention ne pouvait se produire [3] ; enfin, quand il accordait sa protection, il ne pouvait pas annuler ce qui avait été fait avant son intervention, il ne pouvait qu'en empêcher les conséquences.

L'intercession en faveur de la plèbe ou de l'État constituait une opposition aux mesures administratives et législatives des magistrats qui avaient un caractère général. Elle se produisit pour la première fois au sujet des levées de soldats : sans y être invités, les tribuns prirent sous leur protection en masse tous les citoyens que les consuls avaient invités à s'enrôler [4]. Les tribuns commirent alors une nouvelle usurpation de pouvoir, en s'attribuant le droit d'empêcher les levées de soldats, *denuntiare se dilectum impedituros* [5] ; ou bien ils publièrent un édit par lequel ils promirent leur appui à tous ceux qui refuseraient l'enrôlement ou le paiement du tribut [6]. Il y avait là un appel à la désobéissance, il faut reconnaître aussi que les tribuns en agissant ainsi, empêchaient les consuls d'accomplir les fonctions de leur charge ; pour aller plus vite, les tribuns produisirent leur intercession au moment où les consuls présentèrent au sénat le sénatus consulte concernant la levée et le tribut ; ce fut encore une nouvelle usurpation dirigée non contre l'*imperium*, mais contre la *potestas* des consuls Les consuls, pour faire cesser l'opposition tribunitienne à la levée et au tribut, se virent obligés de reconnaître les droits de ces derniers à attaquer tous leurs actes administratifs ; voilà comment les tribuns ajoutèrent aux droits qu'ils possédaient déjà celui d'opposer leur intercession à tous les sénatus-consultes ; ce droit, ils l'avaient déjà vers l'époque qui suivit immédiatement la loi Valéria Horatia, par conséquent avant celui qui les autorisa à convoquer le sénat et à y faire des propositions [7].

Or le sénat devint, dans la suite, l'âme de l'administration, et en faisant opposition au sénat, les tribuns intervinrent sans cesse pour empêcher des actes d'administration ; quand ils se présentaient pour défendre au magistrat président de consulter le sénat, *consulere senatum,* ils le mettaient dans l'impossibilité de formuler l'avis de la majorité sous la forme d'un sénatus-consulte ; par conséquent, il ne pourrait pas se servir du vote pour diriger son administration. Le droit des tribuns était illimité ; pour l'annuler, il fallait une loi votée d'avance ; la loi Sempronia, par exemple, défendit aux tribuns d'user de leurs pouvoirs quand on ferait la répartition des provinces

---

[1] Cf. Liv., 3, 59.
[2] Liv., 28, 45.
[3] Liv., 3, 26. 4, 53. Cf. Cæs., *b. c.*, 3, 20. *Lex Salp.*, cap. 27.
[4] Liv., 3, 11. Dion., 8, 81. 10, 43.
[5] Liv., 4, 1. 12. 30.
[6] Liv., 4, 60. 6, 27,
[7] Liv., 4, 6. 43. 50. Dion., 11, 54.

consulaires. Au début, on admettait qu'un sénatus-consulte était valable [1] quand les tribuns n'avaient pas présenté leur intercession au cours de la discussion [2] jusqu'au moment où l'on avait procédé au vote [3] ; plus tard, on exigea l'approbation formelle des tribuns présents ; ces derniers inscrivaient en tête de la résolution du sénat la lettre *C* (= *censuere*) [4]. Si un seul tribun opposait son intercession, on ne pouvait inscrire la lettre *C* ; le président ne devait pas ratifier la résolution sous forme de sénatus-consulte (*perficere*, χυροῦν), elle n'avait d'autre valeur que celle d'exprimer la volonté du sénat, *senatus auctoritas* [5] ; mais on y attacha toujours une certaine valeur morale que l'on ne pouvait refuser au jugement et au talent des hommes avisés dont elle émanait [6]. Remarquons qu'une résolution semblable désignée par la formule *senatus auctoritas* n'a rien de commun avec la *Patrum auctoritas*, c'est-à-dire l'*auctoritas* des *patres familias gentium patriciarum*: la première ne faisait pas loi pour les magistrats, la seconde au contraire avait, au degré le plus élevé le caractère d'une obligation légale ; pour certains actes, elle était absolument indispensable ; accomplis sans elle, ces actes étaient frappés de nullité.

L'intercession fut aussi employée contre les propositions que les magistrats soumettaient aux assemblées du peuple. Dans ce cas, l'intercession était aussi dirigée contre la potestas des magistrats qui s'adressaient au peuple (*agere cum populo, cum plebe*) ; dans les comices centuriates elle atteignait l'*imperium*. Comme devant le sénat, l'intercession devait se produire au moment où l'action était réellement engagée devant le peuple ; avant, le tribun ne pouvait que menacer de son opposition, il ne pouvait pas agir ; après, quand la *renuntiatio* avait été proclamée, il était désarmé et ne pouvait plus faire usage de son droit. On cite un exemple de ce genre d'intercession à la date de 482 [7] ; mais elle ne fut admise en droit qu'après les lois Valeriæ Horatiæ non seulement pour les propositions législatives, mais encore pour les élections et les jugements dans les comices curiates [8], centuriates [9], tributes et dans les assemblées de la plèbe (*concilia plebis*) [10]. Il y avait cependant quelques exceptions déterminées par des lois ; par exemple, les tribuns ne pouvaient intervenir dans les élections des tribuns de la plèbe, et, après les lois Æliæ et Fufiæ, dans toutes les élections en général. Ils ne pouvaient non plus intervenir dans les opérations qui accompagnaient la nomination d'un interroi pour la raison qu'il n'y avait à ce moment

[1] Liv., 4, 36.
[2] Polyb., 6, 16. Tac., *Ann.*, 1, 13. Ascon., p. 32. Liv., 33, 22. 38, 42, 8. Cic. *Sest*, 31, 68. 34, 74. *Fam.*, 10, 12, 3.
[3] Tac., *Ann.*, 14, 49. Liv., 28, 45, 5. Cæs., *b. c.*, 1, 1.
[4] Val. Max., 2, 2, 7.
[5] Liv., 4, 57. Cic, *Fam.*, 1, 2, 4. 1, 7, 4. 8, 8. *pro Mil.*, 6, 14. Dio C., 55, 3.
[6] Cic., *de Dom.*, 19, 50. Cæs., *b. c.*, 1, 11.
[7] Dion., 8, 90.
[8] Cic., *de Leg. agrar.*, 2, 12. Dio C., 39, 19. 45, 5.
[9] Dion., 8, 90. Liv., 3, 24. 25. 4, 25. 50. 5, 17. 6, 35 etc.
[10] Liv., 2, 56. 4, 48. 5, 25. 6, 35. 38. 10, 9. Exemple d'intervention dans l'élection des édiles: Liv., 25, 2.

aucun magistrat en exercice [1]. On eut aussi l'idée de soustraire la loi curiate, devenue une simple formalité, à l'action des tribuns [2]. Généralement, les tribuns honnêtes n'intervinrent pas dans la *contio* [3] qui précédait le vote dans les comices centuriates et tributes, et dans les concilia plebis. Dans ces dernières assemblées (celles de la plèbe) on pouvait, du reste, contester l'efficacité de l'intercession au nom de la loi Icilia. Les tribuns pouvaient user de leurs droits pendant toute la durée des comices, mais ils choisissaient généralement pour intervenir le moment où le magistrat annonçait qu'on allait passer au vote : l'intercession se produisait donc immédiatement avant le vote [4], elle pouvait aussi intervenir au cours du vote [5]. Mais quand la proposition avait été votée, que le magistrat avait fait le compte des suffrages et l'avait fait connaître à l'assemblée (*renuntiatio*), les tribuns ne pouvaient plus intervenir : comme tous les autres citoyens, ils étaient obligés d'obéir aux lois (*legibus tenebantur*).

L'intercession avait pour effet de suspendre l'exécution d'un acte commencé par un magistrat, mesure de coercition, jugement, poursuite judiciaire, rédaction de sénatus-consulte, proposition législative ou autre [6]. Si le tribun revenait sur son intercession (*remittere intercessionem*), l'acte commencé continuait [7]. Mais un tribun pouvait encore intervenir, et l'intercession renouvelée de la sorte avait bien l'effet d'un veto absolu [8]. Mais jamais cependant l'intercession n'eut pour résultat de casser un acte accompli par un magistrat, elle n'eut jamais d'autre conséquence que d'enlever au magistrat les moyens d'action qui devaient lui permettre de mener à bien une œuvre commencée. Aussi, les expressions employées pour marquer les effets de l'intercession sont les suivantes : *impedire, prohibere, moram facere, morari, interpellare, non pati*, et autres semblables.

En dehors des catégories d'intercession que nous venons d'établir, on ne peut citer comme exception que quelques exemples d'intercessions spéciales qui se sont produites sur d'autres objets ; les auteurs mentionnent l'opposition faite au triomphe d'un général [9] ; dans certaines circonstances, les tribuns auraient empêché un magistrat de parler au peuple dans la contio [10].

A propos de la manière dont devait être présentée l'intercession, remarquons encore qu'il fallait l'intervention personnelle du tribun ; nous avons déjà dit qu'elle devait se produire au moment où l'acte du magistrat était engagé ; il arrivait souvent que l'intercession était

---

[1] Quand Tite-Live dit : 4, 43, 7 *nam coire patricios tribuni prohibebant*, il veut parler de violence et non d'intercession, ou il se trompe.
[2] Cic., *de Leg. agr.*, 2, 12.
[3] Liv., 45, 21.
[4] Ascon., p. 58. 70. Liv., 25, 3.
[5] Liv., 7, 17. 27, 6. Dio C., 36, 30.
[6] Cf. p. ex. Liv., 7, 17, 13. 10, 9. App., *b. c.*, 1, 11. 12. Cic.. *Att.*, 4, 16, 6.
[7] Ascon., p. 71. Liv., 38, 54. Dio C., 36, 30. Cf. Cic., *Att.*, 4, 2, 4.
[8] Liv., 6, 35.
[9] Liv., 10, 37, 12. Val. Max., 5, 4, 6. Suet., *Tib.*, 2.
[10] Cic., *Fam.*, 5, 2, 7. *Pis.*, 3, 6. Dio C., 38, 12.

annoncée, connue d'avance ; alors au moment où le magistrat était
sur le point de faire voter, ou de faire procéder aux dernières formalités de l'action engagée, on accordait aux tribuns un court délai
pour leur permettre de se concerter, et de décider en définitive s'ils
feraient intercession ou non [1].

Il ne faut pas confondre avec l'intercession l'*obnuntiatio* (*se de
cœlo servasse*) dont pouvaient faire usage les tribuns depuis qu'ils
avaient le droit de consulter les auspices, *jus auspiciorum*. Les
deux moyens d'opposition avaient d'ailleurs le même effet sur les
assemblées du peuple, et les tribuns les employèrent tous deux ;
l'obnuntiation offrait surtout l'avantage de déguiser sous des apparences religieuses une opposition souvent arbitraire On cite comme
exemple d'obnuntiation la *dirarum obnuntiatio* dont fit usage le
tribun C. Ateius Capito pour empêcher M. Licinius Crassus de se
rendre dans sa province en 55 [2] ; Crassus n'en tint aucun compte
et ne se laissa pas arrêter par le tribun qui voulait le jeter en prison;
alors le tribun lança contre Crassus une malédiction solennelle,
execratio [3].

Les tribuns possédaient chacun la *potestas tribunicia* tout entière,
ils n'avaient pas de domaines d'action déterminés (*provinciæ*), mais
formaient un collège [4]. L'expression de *collegium* est très souvent
employée pour désigner les tribuns, beaucoup plus souvent que pour
les autres catégories de magistrats. Le collège n'avait pas de président officiel, mais dans les grandes discussions politiques, les tribuns
reconnaissaient l'un d'entre eux, le plus en vue, le plus influent,
pour leur chef [5]. Il ne pouvait pas intervenir en tant que collège
pour exercer la *potestas tribunicia*, un seul tribun pouvait agir
contrairement à l'avis des neuf autres ; la majorité du collège n'avait
donc le droit de rien faire, elle n'avait pas de droits réels, et si ses
décisions étaient parfois exécutées, c'est que la minorité avait bien
voulu ne pas intervenir [6]. On parle souvent d'intercession décidée
par la majorité des tribuns [7] ; dans ce cas, l'intercession était
certainement valable, mais elle ne tenait pas ce caractère du fait
qu'elle avait été décidée par la majorité ; l'intercession présentée par
un seul membre du collège était tout aussi valable, et cela dès
l'origine de l'institution, et non pas seulement dès le milieu du
quatrième siècle de Rome, comme on l'a prétendu [8]. Un jour, quatre
tribuns, qui auraient pu faire usage de l'intercession, se contentèrent
de supplier [9] ; il ne faut pas voir là un argument contre la thèse que
nous soutenons : sans doute, la minorité n'avait aucun moyen de

---

[1]) Le *triduum* dont parle la *Lex Salp.*, cap. 27 ne se rapporte pas à l'intercession de la période républicaine.

[2]) Dio C., 39, 39. Cic., *de Div.*, 1, 16, 29.

[3]) Dio C., 39, 39. Plut, *Crass.*, 16. App., *b. c.*, 2, 18.

[4]) Cf. p. ex. Liv., 4, 26. Cic., *in Verr. accus.*, 2, 41.

[5]) Dion., 7, 14. 10, 31.

[6]) Liv., 2, 44. 56. Dio C., *fr.*, 17, 15 B. Zon., 7, 15. Plut., *Ti. Gr.*, 7. *Cat. min.*,
20. App., *b. c.*, 1, 12. 23. 3, 50. Il y a erreur apud Dion., 9, 41 ; le même Dion.
a raison 10, 31.

[7]) Liv., 4, 48. 49. 6, 35. 36.

[8]) Cf. Liv., 3, 59. Dion., 10, 31.

[9]) Liv., 4, 42.

forcer la majorité à abandonner la résolution prise de faire
opposition; mais la majorité à son tour était impuissante pour
empêcher l'opposition de la minorité, et même d'un seul tribun [1].

Un tribun pouvait annuler l'effet de l'intercession présentée par
un ou plusieurs de ses collègues ; pour cela, il intervenait person-
nellement, protégé par sa *sacrosancta potestas*, pour arrêter ses
collègues au moment où ils employaient les moyens de coercition
pour rendre efficace leur opposition. Ainsi firent les tribuns dont les
consuls avaient obtenu la protection pour procéder aux levées de
troupes et d'argent [2] ; et ceux sous la protection desquels L. Postu-
mius Megellus célébra son triomphe [3]. C. Cornelius empêcha lui
aussi l'intercession en lisant lui-même une proposition de loi au
peuple [4] ; mais on lui reprocha d'avoir porté atteinte aux privilèges
des autres tribuns, et il fut poursuivi pour crime de majesté.

Quand l'intercession avait lieu sur appel, voici comment on pro-
cédait. Comme l'intercession n'avait qu'un effet suspensif, on
examinait d'abord s'il y aurait lieu de la renouveler pour lui donner
une sanction efficace. Lorsque le cas était difficile et ne pouvait pas
être renvoyé pour ce motif à l'examen des *judices decemviri*, ou
bien lorsqu'un seul tribun avait fait intercession, les tribuns se
réunissaient en conseil qui délibérait en public [5] ; on avait imaginé
ce procédé de discussion pour maintenir le prestige de la *potestas
tribunicia*, et empêcher les exagérations de pouvoir abusives
auxquelles pouvaient se laisser entraîner les tribuns. On faisait une
enquête (*cognitio*) afin de pouvoir se prononcer en connaissance de
cause ; le collège des tribuns devenait alors en quelque sorte un
tribunal [6]. La conclusion que votait l'assemblée prenait le nom de
decretum ; le vote isolé de chaque tribun portait le même nom [7].
Quand il y avait eu unanimité, le décret était rendu *pro collegio*, ou
ex collegii sententia, de collegii sententia [8], son exécution ne
présentait pas de difficulté, soit qu'il approuvât, modifiât [9] ou sup-
primât [10] l'intercession qui avait été faite antérieurement sur le même
sujet. Dans le dernier cas, le décret portait à la fois *non intercedere*
et *moram non facere*. S'il n'y avait pas unanimité, le décret de la
majorité avait toujours une grande influence morale ; la minorité, ou
le tribun qui avait seul fait opposition, pouvait se laisser décider
par ses collègues à changer d'avis ; mais ajoutons tout de suite qu'on
ne pouvait pas l'y obliger [11]. Ces formalités étaient d'ailleurs excellentes
pour empêcher les conflits entre tribuns, et leur permettre de vivre
toujours en bonne harmonie [12].

[1] Liv., 5, 25. 29. 6, 38. 9, 34. Cic., *de Leg.*, 3, 10.
[2] Liv., 2, 43. 44. 4, 53.
[3] Liv., 10, 37, 12.
[4] Ascon., p. 58. Cf. Front., p. 83 Naber.
[5] Liv., 42, 32. 33. 38, 60. 4, 26.
[6] Liv., *ep.*, 55. 42, 32. Gell., 4, 14. 6 [7], 19. 13, 12. Cic., *pro Quint.*, 7. *in
Verr. accus.*, 2, 41. Val. Max., 6, 1, 7. 10. Ascon., p. 47.
[7] Gell., 4, 14. 6 [7], 19. Val. Max., 6, 5, 4. Liv., 3, 13. 4, 53. 38, 52.
[8] Liv., 4, 53. I. L. A., p. 171.
[9] Liv., 3, 13.
[10] Val. Max., 6, 1, 7.
[11] Liv., 38, 52. 60. Gell., 6 [7], 19. Val. Max., 4, 1, 8.
[12] Dion., 10, 31.

Le tribunat de la plèbe avait été établi à cause de la division qui régnait entre les deux ordres et de la défiance qu'éprouvait la plèbe pour les jugements rendus par les magistrats patriciens ; au moment du décemvirat, si l'entente avait réellement existé entre les deux ordres, il aurait dû être non pas suspendu, mais définitivement supprimé. Mais les décemvirs firent renaître la défiance par leur tentative de fonder un gouvernement oligarchique ; ils refusèrent le conubium, et sanctionnèrent les vieilles dispositions pénales de la législation sur les dettes ; ils creusèrent ainsi davantage le fossé qui séparait les deux ordres ; ce fut un grand malheur pour le développement de la constitution romaine. Au moment de la chute du décemvirat, on aurait dû assurer franchement l'union des ordres, et faire disparaître ainsi les raisons qui avaient rendu le tribunat nécessaire ; au lieu d'agir ainsi, on rétablit d'abord le tribunat, puis on lui donna de nouveaux droits qui n'avaient pas encore été reconnus ; on étendit ses pouvoirs de coercition, de juridiction criminelle, on lui reconnut le droit de proposer des lois, on donna plus d'extension à l'intercession, de sorte que les tribuns, sans devenir les égaux des magistrats supérieurs, se rapprochèrent d'eux. On commit donc une grande faute, dont il faut faire retomber la responsabilité à la fois sur les patriciens qui ne savaient jamais se résigner à faire des concessions devenues nécessaires, et sur les plébéiens dépourvus d'expérience politique. Sous le régime du tribunat consulaire, les tribuns de la plèbe agrandirent rapidement leur influence, grâce à l'incapacité et à la faiblesse d'un pouvoir exécutif dirigé par un trop grand nombre de magistrats. Peu à peu, on vit les tribuns hésiter sur la direction qu'ils devaient donner à cette influence : devaient-ils défendre les intérêts des riches plébéiens ou ceux des pauvres? Tantôt ils se plurent à humilier, sur la demande de l'aristocratie patricienne, les détenteurs temporaires de l'imperium [1] ; tantôt, et plus souvent, quand les intérêts des riches plébéiens s'accordèrent avec ceux de l'aristocratie, ils firent échouer les propositions faites en faveur des pauvres de la plèbe [2]. On avait découvert le moyen d'affaiblir le tribunat, en autorisant l'intercession contre la *potestas tribunicia* elle-même. Le tribunat arriva à son maximum de puissance avec C. Licinius Stolo et L. Sextius Lateranus; à cette époque, les intérêts des riches et des pauvres plébéiens furent sans doute communs ; si l'on en croit la tradition, les deux tribuns exercèrent leurs pouvoirs pendant dix années consécutives, et firent si bien que pendant plusieurs années, il n'y eut plus de magistrats patriciens (*solitudo magistratuum*). Mais après les lois liciniennes, quand il n'y eut plus de différence légale entre la plèbe et le patriciat, le tribunat ne put plus se maintenir dans le cercle de ses attributions primitives, qui étaient de défendre la plèbe; il dut se modifier et chercher un autre objectif : il joua dès lors le rôle de dissolvant à l'égard des magistratures ordinaires ; il les affaiblit, les paralysa tantôt au profit de la noblesse oligarchique, tantôt au profit de l'ochlocratie.

---

[1]) Liv., 4, 26. 56. 58. 5, 9.
[2]) Liv., 4, 53. 5, 29.

Le tribunat fut d'abord l'organe de la partie plébéienne de la noblesse [1] ; tant que la noblesse montra de la réserve, et que l'on ne mit pas à découvert les vices intimes de la constitution, tout alla bien. Les tribuns furent les défenseurs naturels du peuple à l'égard du gouvernement [2] ; leur action, loin d'être nuisible, fut au contraire bienfaisante : les tribuns furent les organes légaux de l'opposition ; grâce à eux, on évita pendant longtemps de recourir à l'émeute violente. Nous comprenons dès lors pourquoi en 342, ou peu de temps après, quand on prit à l'égard de la noblesse la fameuse mesure en vertu de laquelle on ne devait pas être réélu à une magistrature avant dix ans, le tribunat fut assimilé aux autres magistratures sous ce rapport : voilà pourquoi aussi les tribuns furent mis en possession, vers 339, de la *Spectio* et du droit de convoquer le sénat, et, en 287, on leur accorda les mêmes privilèges qu'aux consuls pour la proposition des mesures législatives. Toutes ces mesures furent une conséquence de l'accord de la noblesse et du tribunat. On explique au contraire la mesure suivante par les efforts que fit la démocratie pour séparer le tribunat de la noblesse : aucun citoyen ne pouvait être élu tribun, si son père avait rempli une charge curule et était encore en vie [3]. La loi qui établit cette défense dut être provoquée par l'opposition injuste que fit le sénat [4] au tribun C. Flaminius quelque temps avant la seconde guerre punique. Mais les tendances qui avaient pour but de faire marcher d'accord noblesse et tribunat reprirent bientôt le dessus : nous en trouvons la preuve dans le *plebiscitum Atinium* voté probablement au cours de la seconde guerre punique : en vertu de ce plébiscite, les tribuns entrèrent de droit au sénat comme les magistrats curules.

Cependant il y eut des exceptions pendant la période du gouvernement de la noblesse ; des tribuns, comme C. Flaminius que nous vonons de nommer, prirent la défense du peuple contre la noblesse. Pendant quelque temps, les tribuns n'eurent pas d'autre programme : ce fut à l'époque où commença la dissolution de la république, dont Ti. Sempronius Gracchus donna le signal en 133 par ses attaques violentes contre les intérêts des nobles. Ti. ne défendit pas la basse plèbe, mais tous les citoyens ruinés, et demanda qu'on leur fournît au détriment de la noblesse les moyens d'assurer leur existence. Mais les tribuns, malgré leur puissance apparente, ne purent pas arrêter le cours des événements. Les Gracques ne réussirent qu'à ébranler la constitution, et peu à peu on vit les tribuns travailler avec la foule à préparer la tyrannie. Ti. Sempronius Gracchus avait donné le premier l'exemple de la violation de la loi, d'abord en déposant son collègue M. Octavius [5], puis en cherchant à se faire réélire [6]. Ses successeurs imitèrent plutôt ces illégalités qu'ils ne cherchèrent à réaliser ses réformes généreuses. On comprit bientôt

[1]) Cic., *de Leg.*, 3, 10.
[2]) Polyb., 6, 16.
[3]) Liv., 27, 21. 30, 19.
[4]) Cic., *de Inv.*, 2, 17. Val. Max., 5, 4, 5.
[5]) Plut., *Ti. Gr.*, 12. Cic., *de Leg.*, 3, 10. Dio C., 46, 49.
[6]) App., *b. c.*, 1, 14. Cic., *Cat.*, 4, 2.

que la durée des fonctions de tribun n'était pas suffisante, voilà pourquoi C. Papirius Carbo proposa en 131 de permettre la réélection sans limite : *ut eundem tribunum plebi quoties vellet creare liceret* [1]. On repoussa la proposition, mais elle fut bientôt reprise et votée avec de légers changements [2]. Les tribunats de C. Sempronius Gracchus en 123 et 122, de L. Appuleius Saturninus, en 100, de M. Livius Drusus en 91, de P. Sulpicius Rufus en 88 montrèrent comment le tribunat pouvait devenir une arme terrible entre les mains des démagogues pour frapper la noblesse.

Sylla porta au tribunat un coup sensible, afin d'assurer le gouvernement oligarchique de la noblesse. Sa loi dictatoriale de 82 [3], qui fut une reproduction de sa loi consulaire de 88 *de tribunicia potestate* annula presque l'autorité du tribunat [4] qui ne fut plus que l'ombre de l'ancien (*imago sine re*) [5]. Les tribuns conservèrent leur inviolabilité et leurs attributions essentielles de magistrat, c'est-à-dire le *jus edicendi* [6], le *jus contionem habendi* [7], le *jus spectionis* ou *auspiciorum* avec l'*obnuntiatio* [8]. Mais il annula presque le *jus contionis* par les entraves nombreuses au moyen desquelles il leur ôta l'idée de convoquer des assemblées [9]. Il dut leur laisser l'ancien *jus auxilii*, mais en même temps en soumettre l'exercice à des règles nouvelles. Il dut aussi leur laisser le droit de consulter le sénat *jus senatum consulendi*, puisqu'ils furent obligés de prendre son avis avant de s'adresser au peuple (*de senatus sententia*). Il limita le *jus cum plebe agendi* : il leur laissa le droit de faire procéder aux élections des tribuns et des édiles plébéiens ; mais il leur défendit de porter devant la plèbe (*concilia plebis*) des propositions de lois [10] ou des accusations [11] sans l'autorisation du sénat (*senatus consultum*). Nous en avons pour preuves le plébiscite *de Thermensibus* de 71 qui fut proposé *de senatus sententia*, et aussi les faits qui se produisirent au moment où l'ancien tribunat fut rétabli. Enfin Sylla diminua le droit d'intercession, principe de la puissance tribunitienne ; il le réduisit à ce qu'il était dans l'origine, un droit qui permettait aux tribuns de venir en aide aux citoyens en particulier, *auxilii latio adversus imperium* [12] ; il leur enleva donc le droit de faire opposition aux sénatus-consultes et aux rogations, mais on ne peut pas dire qu'il supprima complètement le droit d'intercession [13]. En dernier lieu, il enleva au tribunat tout le pres-

---

[1] Liv., *ep.*, 59. Cic., *Læl.*, 25.
[2] App., *b. c.*, 1, 21.
[3] Cf. Gell., 10, 20.
[4] App., *b. c.*, 1, 100. Cf. 1, 59. Dion., 5, 77. Aur. vict., *Vir. ill.*, 75.
[5] Vell., 2, 30.
[6] Cic., *in Verr. accus*, 2, 41.
[7] Cic., *Cluent.*, 40. Cf. *Brut*, 60, 217. 62, 223.
[8] C'est peut-être à cette disposition que se rapporte le passage suivant de Gell. ; 10, 20, 10.
[9] Sall., *Hist. fr.*, 1, 41, 11 D. cf. Tac., *Ann.*, 3, 27. Cic., *Cluent.*, 40, 110.
[10] Liv., *ep.* 89. Cf. App., *b. c.*, 1, 59.
[11] Cic., *in Verr. act.*, 1, 13, 38. Cf. *de leg.*, 3, 9, 22. On a dit aussi qu'il leur enleva complètement le droit d'accusation.
[12] Cic., *de Leg.*, 3, 9, 22. *in Verr. accus.*, 1, 60, 155. *pro Tull.*, 38.
[13] Cic., *Phil*, 2, 22. Cæs., *b. c.*, 1, 5. 7.

tige qu'il avait pour les démagogues ambitieux : il interdit à tout ancien tribun de briguer les charges curules [1] ; cette dernière mesure, dictée par les sentiments aristocratiques que faisait triompher Sylla, fut la réponse à la disposition démocratique dont nous avons parlé plus haut, en vertu de laquelle quiconque avait des attaches avec la noblesse curule ne pouvait aspirer au tribunat.

Après les efforts tentés par Sylla pour assurer le règne de l'oligarchie, la tyrannie devint de plus en plus nécessaire pour consolider l'édifice social qui tombait en ruine ; alors on songea tout de suite à rétablir l'ancien tribunat, soi-disant dans l'intérêt du peuple, en réalité pour servir les projets de la tyrannie qui devait trouver en lui son plus puissant levier. Dès 78, les tribuns firent une proposition dans ce sens [2] ; puis L. ou Cn. Sicinius en 76 [3], Q. Opimius en 75 [4], L. Quinctius en 74 [5], C. Licinius Macer en 73 [6], M. Lollius Palicanus en 71 [7] ; ils ne réussirent pas, bien qu'ils fussent soutenus par le peuple [8]. Cependant en 75, la loi *Aurelia* du consul C. Aurélius Cotta rendit aux tribuns le droit de se faire élire aux magistratures curules [9]. Cinq ans plus tard, en 70, les consuls Cn. Pompée et M. Licinius Crassus, qui avaient besoin du tribunat pour réaliser leurs projets, lui rendirent tous les privilèges que Sylla lui avait enlevés [10]. Alors, les tribuns reprirent la lutte au point où Sylla les avait arrêtés, et allèrent beaucoup plus loin qu'auparavant ; il suffit de citer les noms de A. Gabinius (67), P. Vatinius (59), de P. Clodius Pulcher (58) pour se rappeler les désordres, les agitations dans lesquelles ils précipitèrent l'État, poussés par leurs instincts démagogiques.

Ce ne fut pas seulement par l'anarchie dans laquelle il plongea l'État, mais surtout par sa force propre qu'il aida César, puis Auguste à fonder la monarchie. Devenu maître de la république, César, pour consolider son pouvoir, s'appuya surtout sur la *Potestas tribunicia* qu'il se fit donner en 48 sans condition de temps ni de limite [11]. Auguste imita son exemple en prenant, dès 36, les pouvoirs tribunitiens [12] dans les mêmes conditions que César ; en 30 et en 23 il se les fit confirmer, en leur attribuant plus d'extension [13]. Il considéra la puissance tribunitienne de 23 comme la clef de voûte de son pouvoir monarchique [14], et il compta les années de son gouvernement à partir

[1] App.. *b. c.*, 1, 100. Ascon., p. 78. Ps. Ascon., p. 200 Or.
[2] Gran. Licin , p. 43 Bonn.
[3] Cic., *Brut.*, 60, 216. Ps. Ascon., p. 103 Or. Sall., *hist. fragm.*, 3, 61, 8 D.
[4] Cic., *in Verr. accus.*, 1, 60.
[5] Cic., *Cluent.*, 28. 40. Plut., *Luc.*, 5.
[6] Sall., *Hist. fragm.*, 3, 61 D. Suet., *Cæs.*, 5.
[7] Cic., *in Verr. accus.*, 2, 41.
[8] Cic., *div. in Cæcil.*. 3, 8. *in Verr. act.*, 1, 15.
[9] Ascon., p. 78. 66. Cic., *Corn. fr.*, 1, 27.
[10] Liv., *ep.*, 97. Sall., *Cat.*, 38. Vell. 2, 30. Cic., *de Leg.*, 3, 9. 10. 11. *in Verr. act.*, 1, 15. Ascon., p. 75. Ps. Ascon., p. 103. 147 Or. Plut., *Pomp.*, 22. App., *b. c.*, 2, 29. Tac., *Ann*, 3, 27. Cæs., *b. c.*, 1, 7.
[11] Dio C., 42, 20. 44, 5.
[12] Dio C., 49, 15. App., *b. c.*, 5, 132.
[13] Dio C., 51, 19. 53, 32.
[14] Tac., *Ann.*, 3, 56.

de cette époque ; la *potestas tribunicia* lui avait été accordée pour toute la vie, mais il paraît qu'il la fit renouveler tous les ans. Les empereurs firent comme lui ; ils eurent toujours soin de prendre officiellement la *tribunicia potestas* [1].

Les empereurs possédèrent donc tous les attributs du tribunat, cependant on continua à élire des tribuns ; on dut en nommer dix, puisque les empereurs en qualité de patriciens étaient censés ne pouvoir en remplir les fonctions ; ils ne pouvaient donc prendre place dans le *collegium*. Elus par le sénat et choisis parmi les sénateurs [2], les tribuns de la plèbe sous l'empire ne pouvaient faire usage de leurs pouvoirs contre l'empereur, qui avait comme eux la *tribunicia potestas*. Comme tous les autres magistrats de l'ancienne république, ils dépendaient entièrement de l'empereur qui possédait sur eux une *major potestas* (qui était la *tribunicia potestas*). César, imitant l'exemple donné par Ti. Sempronius Gracchus, déposa un jour deux tribuns [3] ; dans la suite, les autres tribuns profitèrent de la leçon : ils savaient que l'empereur avait le droit d'annuler tous leurs actes en vertu de sa puissance tribunitienne et de les punir [4]. Il ne fut plus question d'assemblées du peuple ni de *contiones* réunies sous la présidence des tribuns [5] ; on diminua leur *jus multæ dictionis* : pendant les quatre mois qui suivaient le prononcé du jugement, les condamnés pouvaient faire appel aux consuls [6]. Leurs rapports avec le sénat furent les mêmes qu'autrefois en théorie, mais non en fait. Ils purent présenter des propositions [7], convoquer l'assemblée [8], et souvent même ils firent usage de leur intercession [9]. Ils ne purent faire usage qu'avec beaucoup de réserve de l'intercession *auxilii ferendi causa*, et encore elle leur fut souvent contestée [10]. Nous avons parlé plus haut du droit que s'était attribué le collège des tribuns de diriger des enquêtes judiciaires (*cognitiones*) ; il semble que sous l'empire, le collège dont la compétence fut déterminée avec soin [11] devint un tribunal véritable [12] ; mais sa juridiction ne pu s'exercer en dehors de Rome, au delà de la distance d'un mille Aussi les tribuns n'exercèrent pas seulement leur vieux droit de *prensio*, ils eurent aussi le droit de citation, *vocatio* [13]. On a prétendu qu'ils furent chargés sous l'empire de diriger les cérémonies de la fête des Augustalia ; ils ne s'en occupèrent que pendant quelque temps [14]. Enfin quand Auguste les invita à exercer une

[1] Dio C., 53, 17.
[2] Dio C., 54, 26. Suet., *Aug.*, 10. 40. App., *b. c.*, 1, 100.
[3] Suet., *Cæs.*, 79. Voyez tome II, p. 538.
[4] Tac., *Ann.*, 6, 47. 16, 26. Dio C., 60, 28.
[5] Cf. cependant Lampr., *Sev. Alex.*, 25.
[6] Tac., *Ann.*, 13, 28.
[7] Tac., *Ann.*, 6, 2. Dio C., 55, 3.
[8] Dio C., 56, 47. 59, 24. 60, 16. 78, 37.
[9] Tac., *Ann.*, 1, 77. 6, 47. 16, 26. *Hist.*, 4, 9. Dio C., 57, 15.
[10] Tac., *Ann.*, 13, 28. *Hist.*, 2, 91. Dio C., 60, 28. Pliu., *ep.*, 1, 23. 9, 13, 19.
[11] Tac., *Ann*, 13, 28.
[12] *Dig.*, 1, 2, 2, 34. Ps. Ascon., p. 118 Or. Juv., 7, 228.
[13] Gell., 13, 12. Tac., *Ann.*, 13, 28.
[14] Dio C., 56, 40. 47. Tac., *Ann.*, 1, 15.

certaine surveillance sur les quatorze régions de l'Italie [1], il leur donna, comme aux édiles, des fonctions administratives.

Les fonctions de tribun de la plèbe furent nécessairement peu recherchées [2] ; on nomma des chevaliers, même des fils d'affranchis ; une seule condition était exigée, le cens sénatorial [3]. Auguste avait pourtant décidé que, pour arriver à la préture, il fallait avoir passé par le tribunat ou par l'édilité [4] ; mais les patriciens furent exceptés, puisque la loi leur interdisait les fonctions de tribun et d'édile de la plèbe. Les anciens tribuns par l'*adlectio inter tribunicios* [5] avaient le droit d'occuper un certain rang au sénat et d'arriver à d'autres fonctions ; mais ils n'eurent jamais d'*ornamenta tribunicia*. Le tribunat avait-il la grande importance que semble lui attribuer Pline le Jeune? [6] Non, puisque leur inviolabilité n'était plus même respectée ; Pline le Jeune s'est laissé entraîner par ses souvenirs à tracer le portrait idéal de l'ancien tribunat ; quant à celui de son temps, il n'était réellement que *inanis umbra et sine honore nomen*. Constantin le conserva encore dans sa constitution ; il y eut des tribuns à Rome et à Constantinople [7].

[1] Dio C., 55, 8. Suet., *Aug.*, 30.
[2] Dio C., 54, 26. 30. 56, 27. 60, 11.
[3] Dio C., 53, 27.
[4] Dio C., 52, 20.
[5] Capit. Marc. Aur., 10.
[6] Plin., *ep.*, 1, 23.
[7] *Cod. Theod.*, 12, 1, 74, 3.

FIN DE L'APPENDICE

INDEX GÉNÉRAL

A

Aborigines, I, 8.
Abrogatio imperii, I, 422.
M. Aburius, tribun 187, I, 498.
Acca Laurentia, I, 21.
Accensi, I, 108 ; II, 691.
Accensi velati, I, 108, note 1.
Accusatio in Verrem, II, 216.
Achœos, II, 9.
Achaïa, province, I, 587.
M. Acilius Glabrio, consul 191, I, 470.
471. 472. 478.
M. Acilius Glabrio, tribun 122, II, 46.
M. Acilius Glabrio, préteur 70, II, 213 ;
consul 67, 224. 227. 232. 235. 236 ;
censeur 64, 253.
M. Acilius Glabrio, II, 494. 511. 519.
542.
Acta M. Antonii, II, 588.
— *C. Cæsaris*, II, 547. 549. 551. 573.
590.
— *Dolabellæ*, II, 588.
— *Cn. Pompeii*, II, 317.
— *populi et senatus*, II, 307.
Actio prima in Verrem, II, 215.
Actium, bataille, II, 672.
Adelphes, I, 573.
Adherbal, II, 63. 66.
Adlectio in patricios, II, 528. 666.
— *inter consulares et prætorios*,
II, 527.
— *inter tribunicios*, II, 718.
P. Æbutius, I, 495.
Ædes concordiæ, I, 329.
Ædes Nympharum, II, 358.

Ædiles ceriales, II, 531 et note 3.
Ædiles plebis, I, 143. 190. 330. 512, et
seq. II, 503.
Ædilicii, I, 248.
Q. Ælius, tribun 178, I, 533.
L. Ælius Lamia, II, 332. 391. 512.
Ælius Ligus, tribun 58, II, 340. 342.
Q. Ælius Ligus, consul 172, I, 535.
P. Ælius Pætus, censeur 199, I, 439.
Sex. Ælius Pætus, censeur 194, I, 459.
464.
L. Ælius Tubero, II, 466. 507. 508.
Q. Ælius Tubero, tribun 194, I, 465.
466.
Q. Ælius Tubero, tribun vers 154, I,
570.
Q. Ælius Tubero II, 13. 27. 41.
Q. Ælius Tubero, II, 508.
Æmilia, vestale 114, II, 62.
Æmilii, I, 25.
Mam. Æmilius, dictateur 437, I, 214.
Mam. Æmilius, propréteur, II, 132.
Q. Æmilius Barbula, consul 311, I,
317.
M. Æmilius Lepidus, édile curule 193,
I, 468 ; consul 187, 476. 486. 493.
498. 505. 508 ; censeur 179, 515 ;
prince du sénat, 546. 530. 545. 561.
567. 574 ; consul 175, 521. 527. 568.
578.
M. Æmilius Lepidus, préteur 82, II,
164; consul 78, 190. 191. 192. 193. 194.
M. Æmilius Lepidus, consul 66, II,
239. 247. 271. 462.
M. Æmilius Lepidus, interroi 52, II,
403; 412. 417 ; préteur 49, 446. 467.

468. 473; consul 46, 493. 494 ; maître de cavalerie 46, 512. 533. 543. 544. 545. 546. 548; proconsul, 518. 579. 595. 601. 604. 605 ; grand pontife, 557; allié d'Antoine, 606. 608. 609. 616; déclaré ennemi public, 611 ; triumvir 43, 617-621 ; consul 42, 622-626 ; devient suspect, 631 ; se contente de l'Afrique, 633. 640 ; 654. 659 ; renonce au triumvirat, 660.

M. Æmilius Lepidus, fils du triumvir, II, 557. 656. 671.

M. Æmilius Lepidus Livianus, consul 77, II, 195. 201. 218.

M. Æmilius Lepidus Porcina, consul 137, I, 606; II, 32. 61.

Ti. Æmilius Mamercinus, consul 339, I, 226. 281.

L. Æmilius Papus, censeur 220, I, 402. 419.

L. Æmilius Paulus, consul 219 et 216, I, 409. 414.

L. Æmilius Paulus (Paul-Emile), édile curule 193, I, 468; 487. 488. 499 ; consul 182 et 168, 508. 539. 552. 554. 555. 556. 557; censeur 164, 561. 565.

L. Æmilius Paulus, II, 271 ; préteur 53, 398. 399 ; censeur 50, 430. 434. 436; 620. 652.

M. Æmilius Paulus, consul 255, I, 376.

L. Æmilius Regillus, préteur 190, I, 497.

M. Æmilius Scaurus, II, 49. 55; consul 115, 61; prince du sénat, 61· 62. 65. 66. 67. 69 ; censeur 109, 74. 76. 79. 80. 87.

M. Æmilius Scaurus (fils du précédent), II, 288; préteur 56, 349. 359; 381. 383. 386. 387. 388. 417.

Ænomaus, II, 203.

Æqui, I, 12.

Æra equestria, I, 545.

Ærarii, I, 92. 106. 299. 482.

Ærarium sanctius, II, 464.

Æs, I, 92.

Æs curionium, I, 50.

Æsculetum (lucus), I, 349.

Æsernia, colonie, I, 384; II, 131.

Æsium (= Æsis), colonie, I, 384.

Æsquinètes, I, 118.

Affectatio regni, II, 17.

Affines, I, 240. 551.

Afranius, poète, I, 597.

L. Afranius, consul 60, II, 298. 300. 318; 355. 372. 379. 465. 491. 496. ·

Affranchis, voir *Libertini*.

Africa, province, I, 586.

Africa nova, voir Numidia.

Ager campanus, I, 423. 446. 480. 529. 530. 561. II, 12. 37. 43. 115. 126. 178. 258. 305. 307. 315. 359. 360. 435.

Ager gallicus, I, 392.

— *Leontinus*, II, 559.

— *Picenus*, I, 392.

— *Publicus*, I, 150. II, 4 et seq.

Agger Servii Tullii, I, 78.

Agnati, I, 241.

Agrariæ rogationes, I, 156.

Agri censui censendo, I, 321.

Agrippa, voir Vipsanius.

Alba, I, 13. 18 et seq. 33. 34. 35. 344. 346. 441.

L. Albinus, tribun 494, I, 142.

C. Albius Carrinas, II, 161. 162.

C. Albius Carrinas, préteur 46, II, 494. 514. 519. 552; consul 43, 621. 633.

Statius Albius Oppianicus, II, 243.

Album judicum, II, 44. 217. 412. 415· 508.

Aleria, colonie, II, 177.

Aletrium, colonie, I, 345.

Alexandre, fils d'Antoine et de Cléopâtre, II, 663.

P. Alfenus Varus, II, 634; consul 39, 653.

C. Alfius Flavus, tribun 59, II, 312. 349 ; préteur 54, 378. 386. 393.

A. Allienus, préteur 49, II, 446. 472; 494. 511. 598.

Allobroges, II, 275.

Alsion, I, 16.

Alsium, colonie, I, 384.

C. Amatius (= Herophilus), II, 553.

Ambiorix, II, 407. 408.

Ambitus, I, 509. 567. II, 411.

Ambracie, I, 486.

www.ingramcontent.com/pod-product-compliance
Ingram Content Group UK Ltd.
Pitfield, Milton Keynes, MK11 3LW, UK
UKHW022344130726
13694UKWH00006B/1183